Bernd Imgrund

DAS KÖLN-ALBUM

Eine Bilderreise durch die Stadt
von 1960 bis 1990

emons:

Vorwort

Im Titel dieses Bandes klingt nicht zufällig das Wort »Foto-Album« an. Tatsächlich haben wir hier den Versuch unternommen, das Köln der späten 1950er- bis frühen 1990er-Jahre in der Form dieser privaten Bildarchive zu präsentieren. Die Eigentümerin des Albums, nennen wir sie Colonia, hat hier die großen Ereignisse dieser Jahrzehnte versammelt. Wer darin blättert, blickt noch einmal zurück auf Highlights der Kölner Geschichte wie den Besuch des charismatischen US-Präsidenten John F. Kennedy, die Entstehung der Art Cologne oder die Einweihung der BRD-weit ersten Fußgängerzone auf der Schildergasse. Er lässt das erste Konzert der Rolling Stones in der alten Sporthalle genauso Revue passieren wie das Double des 1. FC Köln und den kometenhaften Aufstieg einer Mundartband namens Bläck Fööss. Und auch die Politik kommt nicht zu kurz: Das Köln-Album erinnert an die massiven Proteste gegen die KVB-Preiserhöhungen 1966, die Besetzung des Uni-Rektorats durch Studenten 1968 und die Tumulte um die Stollwerck-Fabrik in den 1980ern.

Die Nachkriegszeit brachte für Köln große Umbrüche mit sich. Die Stadt war weitgehend zerstört und musste wiederaufgebaut werden. Das gelang mit Fleiß und gutem Willen, nicht selten jedoch auch auf Kosten von architektonischer Qualität und Schönheit. Das Köln-Album bebildert diese Ära – für all jene, die sie erlebt haben, und auch für die, die zwar nicht dabei waren, aber mehr darüber wissen möchten. In diesem Sinne: Dank sei Colonia!

Inhalt

Gruss
Unkel

1957

930 Meter in sechs Minuten

Die Bundesgartenschau am Rhein

Über vier Millionen Menschen wollen sie sehen, die erste BUGA auf nordrhein-westfälischem Boden. Und was das Team um die Landschaftsarchitektin Herta Hammerbacher da ans rechte Rheinufer gezaubert hat, ist tatsächlich sehenswert. Auf 480 000 Quadratmetern ist ein abwechslungsreicher Park entstanden, der Kunst und Natur, Bildhauerei und Gartengestaltung innig verbindet. Viele Besucher kennen den Rheinpark bislang nur in seinem zerstörten, vom Bombenkrieg umgepflügten Gewand. Allein hier sind nach 1945 rund 40 000 Kubikmeter Trümmerschutt abgelagert worden, die nun als grüner Hügel das Gelände strukturieren.

Um den Rheinpark mit den linksrheinischen Arealen von Flora und Zoo zu verbinden, hat man sich etwas Besonderes ausgedacht: Die Rheinseilbahn, deutschlandweit die erste ihrer Art, wird zur Hauptattraktion der BUGA. Zig Millionen Gäste überquerten seitdem den Rhein – mit schönem Ausblick auf Stadt, Land und Fluss. Von Alltagshetze keine Spur: Sechs Minuten benötigen die Gondeln für ihre 930 Meter, das macht 2,6 Meter pro Sekunde oder herkömmlich ausgedrückt: 9,3 km/h.

Von dort oben sieht man unter anderem den ebenfalls im Jahr der BUGA angelegten Adenauerweiher. Seinen Namen verdankt er dem bunten Rosengarten nebenan. Und Rosen sind auch das Hobby des 1957 amtierenden Bundeskanzlers, der den Schirmherrn der BUGA gibt. Einen anderen Tümpel am Südostzipfel des Areals tauft man Flamingoweiher. Was von heute aus betrachtet unglaublich erscheint, wird seinerzeit realisiert: In dem flachen Gewässer werden tatsächlich jene namensgebenden, langbeinigen Flattermänner angesiedelt. Vandalismus und der zu hohe pflegerische Aufwand verhindern jedoch den Fortbestand der Vogelschar.

Finanzielle Probleme sind es auch, die ein weiteres Highlight der ersten Kölner BUGA bereits im Folgejahr ausbremsen. Die 1957er-Kleinbahn im Rheinpark wird noch mit Dampf betrieben – die Liliput-Lok hatte den Krieg im Betriebshof der Köln-Frechen-Benzelrather Eisenbahnen überstanden. 1958 jedoch hat es sich ausgedampft, und erst 13 Jahre später, als die BUGA zum zweiten Mal nach Köln vergeben wird, nimmt man einen weiteren, erfolgreicheren Anlauf. Eine der 1971er-Zugmaschinen, die sogenannte Porsche-Lok, wird auch heute noch zu besonderen Anlässen aus dem Schuppen geholt.

Bilderbuch Köln

Ebenfalls zur ersten Kölner BUGA entwarf der Architekt Frei Otto sein sogenanntes Sternwellenzelt. Wie Schwingen erheben sich die Spanntücher rund zehn Meter über der Tanzbrunnen-Insel.

Das Sternwellenzelt nach seiner Errichtung 1957

1957

Kleinbahn vor Rheinpanorama (1960)

Kölns erste, dampfgetriebene Liliput-Lok (1957). Sie wurde später nach London verkauft.

Die Seilbahn im Eröffnungsjahr 1957

DIE RHEINSEILBAHN IN ZAHLEN

Personen pro Kabine: max. 4
Fahrten pro Stunde: 400
Kabinenabstand: 51 m, 18 sec
Kabinenhöhe: 1,60 m
Kabinengewicht: 410 kg

1959

Oma Kleinmann

Bei Oma Kleinmann, irgendwann in den 1950ern

Legendäre Gaststätten

Oma Kleinmann, Lommi und die Puszta-Hütte

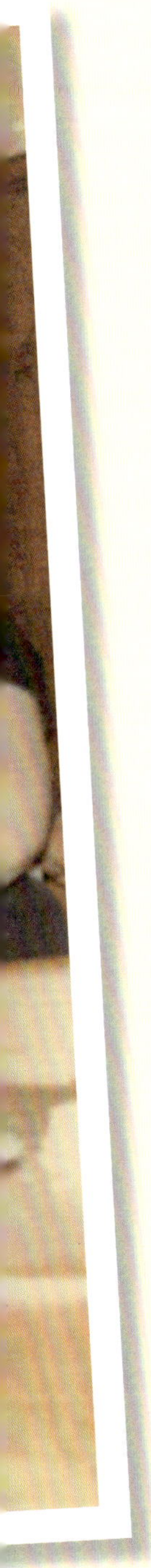

Vielleicht haben sie sich hin und wieder getroffen, und womöglich kredenzten sie sich sogar mal gegenseitig ein Kölsch. Denn Max Lippert, Hans »Lommi« Lommerzheim und Paula »Oma« Kleinmann prägten über Jahrzehnte die Kölner Nachkriegsgastronomie. Und wurden dabei en passant zu kölschen Originalen.

Kölns gastronomische Kultfigur Nummer 1 beginnt seine Karriere 1959 in der Siegesstraße in Deutz. Hans »Lommi« Lommerzheim hat als Köbes im Päffgen auf der Friesenstraße gearbeitet, bevor er nun zusammen mit Gattin Annemie seine eigene Kneipe eröffnet: das »Lommerzheim«. Was klein beginnt, wird zum Phänomen. Vor dem abgewrackten Haus drängen sich lange vor der Öffnung die Gäste, um einen Platz zu ergattern. Die letzte Renovierung des Gastraums datiert auf das Jahr 1961, Wirt Lommi schert sich nicht um den Wandel der Zeiten. Hier wird direkt aus dem Fass gezapft, und hier bekommt reihum jeder sein Bier, ohne bestellen zu müssen. Wirklich jeder? Nein, Bill Clinton nicht. Denn als der amerikanische Präsident anlässlich des Weltwirtschaftsgipfels 1999 ein Kölsch beim Lommi trinken will, lehnt dieser ab: »Nä, dat jeht nit!« Wegen der Sicherheitsvorkehrungen hätten seine Stammgäste an jenem Tag draußen bleiben müssen.

Hans Lommerzheim schließt sein Lokal 2004, kann seinen verdienten Ruhestand jedoch nicht lange genießen. Er stirbt ein Jahr später.

Bereits 1948 hatte Kriegsheimkehrer Max Lippert an der Südwestecke des Neumarkts eine Bretterbude aufgestellt. Er taufte sie auf den Namen »Puszta-Hütte«. Seine geniale Geschäftsidee: Ich verkaufe hier nur ein einziges Gericht, das aber in bester Qualität. Das Rezept für seine feurige Gulaschsuppe hat er angeblich von einer ungarischen Bäuerin übernommen, die den jungen Soldaten einst auf der Flucht versteckt hatte. Eine Mark kostet anfangs die Terrine, inklusive zweier Brötchen zum Dippen. Die Sache funktioniert, aus dem Verschlag wird ein solides Haus. Bis heute erhält der Gast auf Wunsch einen kostenlosen Nachschlag, und bis heute streckt sich Lipperts eigenwilliger Werbespruch über dem Eingang: »Unser Goulasch hebt den ältesten Jahrgang auf's Fahrrad.«

Und weil aller guten Dinge 3 sind, darf hier auch die gebürtige Westfälin Paula Kleinmann nicht fehlen. Bereits 1941 ist sie nach Köln gekommen, und ein Jahr nach Max Lipperts Debüt am Neumarkt übernimmt sie mit ihrem Mann Willi eine kleine Gaststätte an der Zülpicher Straße. »Heinsberger Hof« hieß die früher, die Kleinmanns taufen sie um in »Zum Goldenen Krug«. Paulas Kochkünste, ihr großes Herz und nie versiegender Humor bescheren ihr eine ebenso zahlreiche wie bunt gemischte Kundschaft. Die Wirtin wird zur Legende, aus Paula wird »Oma Kleinmann«. 54 Jahre lang, von 1949 bis 2003, regiert sie Küche und Gastraum. Und auch danach bleibt sie im Hause wohnen und schält allmorgendlich die Kartoffeln für die neuen Wirtsleute. Paula Kleinmann stirbt im November 2009, 95 Jahre alt.

1959

Die Puszta-Hütte

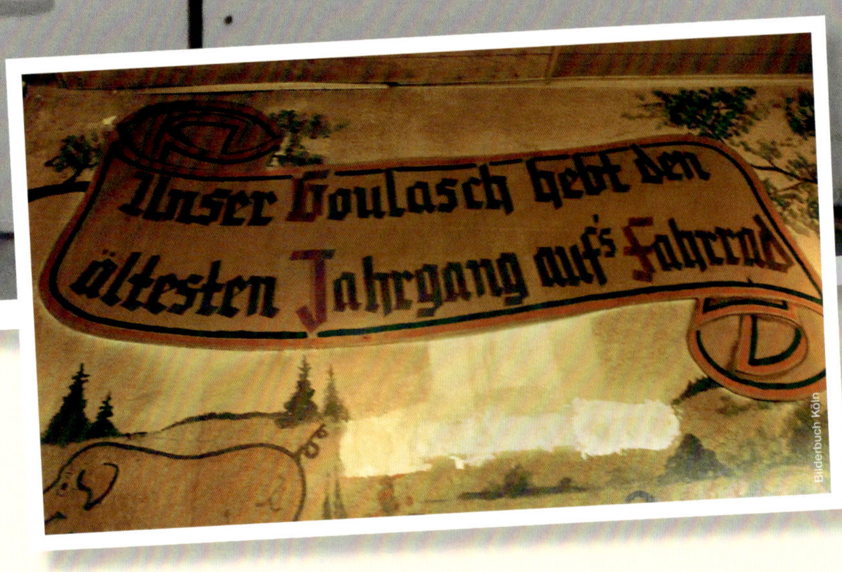

Die Puszta-Hütte um 1948

Lommi rechnet ab.

DREI KLASSISCH-WORTKARGE ANTWORTEN VON HANS »LOMMI« LOMMERZHEIM:

Auf die Frage eines Stammgastes, wie er die riesigen Koteletts beim Braten innen gar und außen unverbrannt hinkriegt: **»Janz langsam.«**

Auf die Frage eines Neulings, ob er Lammbraten führe: **»Is aus.«**

Auf die Frage eines Journalisten, wie es hier wohl mal ausgesehen haben mag: **»Hell.«**

Lommerzheim

Bilderbuch Köln

Selten leer: Das Lommerzheim an der Siegesstraße

1961

Bleche Botz und Klingelpütz

Grundsteinlegung in Ossendorf – Kölns neuer Knast

Wenn alte Kölner von der »Blech« sprechen, meinen sie das Gefängnis »Bleche Botz«. Das stand ab Anfang des 18. Jahrhunderts an der Ecke Schilder- und Krebsgasse. Und die beiden Bauleiter waren der *Blech*schläger (Klempner) Alexander Hittorf und der Maurermeister Johann *Botz*.

Auch der Name Klingelpütz ist kölsch-dialektalen Ursprungs. Bevor er an den Stadtrand wanderte, stand der Kölner Knast am Gereonswall, und dort wohnte im Mittelalter eine Familie Clingelmann. »Pütz« wiederum stammt von Lateinisch »puteus« und meint den Brunnen des Hofes. Die Flurbezeichnung »Klingelpütz« ist dann schon für das 13. Jahrhundert nachgewiesen. Um 1420 herum erwarb der Augustinerorden das Grundstück, aus dessen Kloster schließlich 400 Jahre später das Gefängnis wurde.

Ende der 1960er jedoch geht diese Ära zu Ende, und zwar nicht gerade fröhlich. Der Klingelpütz ist längst in Verruf geraten. Ab 1933 machten ihn die Nazis zur zentralen Hinrichtungsstätte im Rheinland. Über 1 000 Menschen wurden hier exekutiert. Die hygienischen Zustände in den Zellen sind katastrophal, nicht zuletzt wegen der ständigen Überbelegung des Knastes. Auch nach dem Krieg stopft man hier Einmannzellen mit drei und Siebenerzellen mit zehn Gefangenen voll. 1961 wird deshalb der Grundstein für einen Neubau gelegt, in den sieben Jahre später die ersten Häftlinge einziehen.

Obwohl für ähnlich viele Insassen ausgelegt (rund 1 100), ist das neue Gefängnisareal an der Rochusstraße in Ossendorf rund zehnmal so groß wie das alte. Offiziell heißt der Knast nun JVA Köln, aber wer dort einfährt, sitzt immer noch im Klingelpütz. Oder eben: En d'r Blech.

Blick vom Hansa-Hochhaus auf den Klingelpütz 1957

1961

Der Klingelpützpark 1975

Bilderbuch Köln

Hansaring und Klingelpütz 1967

Bilderbuch Köln

Eine Verfügung der Kölner Regierung legte 1833 fest, wer in diesem Gefängnis zu erwarten sei:

»Bei dem Entwurf ist vor allen Dingen zu berücksichtigen, dass die Anstalt folgende Klassen von Gefangenen zu verwahren hat und dass außer der Trennung der Geschlechter auch eine Trennung dieser Klassen stattfinden muss:

1. Correktionell Verurteilte beiderlei Geschlechts
2. Inquisiten, d. h. solche, welche wegen Criminalverbrechen in das Justizarrest verwiesen werden
3. Untersuchungsgefangene wegen Vergehen
4. Kinder, welche auf Verlangen ihrer Eltern eingesperrt werden
5. Schuldner
6. Gefangene, welche sich auf Transport befinden.«

BEKANNTE OSSENDORFER EX-INSASSEN:

Jürgen Bartsch (Kindermörder)
Günter Guilleaume (Kanzler-Spion)
Iwan Herstatt (Pleite-Bankier/Banken-Pleitier)
Ulrike Meinhof (RAF Mitglied)
Beate Zschäpe (mutmaßliche Rechtsterroristin)

Der Gefängnisneubau in Ossendorf 2012

1962

Hoher Besuch aus aller Welt

Politische Prominenz und pompöses Protokoll

Adenauer und de Gaulle im Kölner Rathaus 1962

Adenauers Bocciabahn

Des Kanzlers Haus in Rhöndorf

Charles de Gaulle

5. September 1962

Charles de Gaulle liebte das Zeremoniell und warf sich gern demonstrativ in die Brust. Außerdem war er dafür bekannt, dass er sich seine Staatsbesuche gern selbst organisierte. Entgegen jedem Protokoll entschied nicht der Gastgeber, sondern der General persönlich über das Besichtigungsprogramm. Nachdem er am Vortag auf dem Köln-Bonner Flughafen begrüßt worden ist, besucht er am 5. September 1962 die Domstadt. Zwischen der Stadtrundfahrt und dem obligatorischem Dombesuch (angeblich will Monsieur dort sogar die Domorgel bespielen) trifft man sich im Gürzenich zu einem ersten Gespräch und friedlich-festlichen Reden.

Danach jedoch übernimmt der deutsche Bundeskanzler die Regie. Konrad Adenauer wohnt seit 1935, seit seiner Vertreibung aus Köln durch die Nazis, in Rhöndorf. Dort hat er sich an einem Steilhang sein eigenes Reich geschaffen. Berühmt ist seine Liebe zu den Rosen, die hier in prächtigen Rabatten blühen. Und nicht minder bekannt ist sein Hobby, dem er dann wohl auch mit Charles de Gaulle frönt: Boccia. Bis heute wird sein Bocciaplatz über dem Adenauerhaus gehegt und gepflegt, während die lebensgroßen Statuen der beiden Staatschefs direkt hinter dem Wohnzimmer stehen. Das herzliche Verhältnis der beiden führt im Januar 1963 zur Unterzeichnung des Vertrags über die deutsch-französische Zusammenarbeit. Sein oberstes Ziel: das Ende der »Erbfeindschaft« zwischen den beiden Nachbarländern.

Charles de Gaulle im Herbst 62:

»Ich möchte der Stadt Köln sagen, wie sehr ich über ihren herzlichen Empfang gerührt bin. Ich bin gerührt, weil ihre Empfindung die einer großen, schönen und noblen Stadt ist, durchdrungen von berühmten Erinnerungen der Vergangenheit, lebend im Strom der gegenwärtigen Aktivität, erfüllt von den Hoffnungen der Zukunft. Ich bin gerührt, weil heute, wo die freie Welt und an erster Stelle unsere beiden Länder bedroht sind, Köln, die Stadt am Rhein, beweist, dass die ehemaligen Streitigkeiten zwischen Deutschland und Frankreich der Vereinigung und Freundschaft Platz gemacht haben. Ich bin gerührt, weil hier, gerade an meiner Seite, ein großer Deutscher, ein großer Europäer, ein großer Mann steht, den Köln besonders gut kennt, der mehr als jeder andere an dieser außergewöhnlichen Änderung gearbeitet hat, Herr Bundeskanzler Adenauer.
Es lebe Köln!
Es lebe Deutschland!
Es lebe die deutsch-französische Freundschaft!«

1962

John F. Kennedy auf Triumphfahrt durch Köln

Anlässlich des G-8-Gipfels 1999 in Köln versuchte Bill Clinton, in die Fußstapfen seines großen Vorgängers John F. Kennedy zu treten. Aber die Synthese aus »Ich bin ein Berliner« und »Köllen Alaaf« misslang gründlich, als Clinton ausrief: »Ich bin ein Kölsch.«

John F. Kennedy

23. Juni 1963

Seit dem Ende des Krieges haben USA und UdSSR die Führung in der Welt übernommen. Köln hingegen leidet noch stark unter den Zerstörungen der Bombenhagel. Amerika steht für Freiheit und Fortschritt, und dementsprechend aufgeregt ist die Stimmung, als sich hier der Präsident der Vereinigten Staaten ankündigt. 20 000 Menschen drängen gen Rathausplatz, um einen Blick auf John F. Kennedy zu erhaschen.

Die beiden Staatsmänner dort in der Limousine könnten kaum ein unterschiedlicheres Bild abgeben: hier der 46 Lenze junge Sonnyboy aus dem Weißen Haus und dort Konrad Adenauer, der inzwischen reichlich zerknitterte, 87 Jahre alte Kanzler der Bonner Republik. Als sie die Stadtgrenze erreichen, läuten die Kirchenglocken. Gemeinsam feiern sie eine Messe im Dom – Kennedy verbietet dort aus Pietätsgründen jegliches Fotografieren. Später hält er dann im Spanischen Bau eine überaus freundliche, die Massen begeisternde Rede. Der amerikanische Präsident übermittelt Grüße »der Städte Köln in Minnesota, Köln in New Jersey und Köln sogar in Texas«. Und schließlich hebt er zu jenem Ausruf an, der ihn am Rhein unsterblich macht: »Köllen Alaaf«!

Vier Monate später, am 15. Oktober 1963, tritt Konrad Adenauer nach 14 Dienstjahren als Bundeskanzler zurück. Am 22. November, nur fünf Wochen später, fällt John F. Kennedy einem Attentat zum Opfer. Am Spanischen Bau wird daraufhin eine Gedenkplakette angebracht, die an seinen Besuch erinnert. Und noch im selben Jahr beschließt der Rat, die Rheinpromenade zwischen Rheinpark und Deutzer Werft in Kennedy-Ufer umzubenennen.

Adenauers Enkel

Des Kanzlers gleichnamiger Enkel Konrad war dabei, als Kennedy nach Köln kam. Der damals 18-Jährige saß in einem Eckzimmer des Spanischen Baus und blickte von dort hinunter auf das Rednerpult. In seine Erinnerung mischt sich eine gewisse Scham: »Da kam dieser strahlende Held, und Köln sah so ärmlich aus. Das ganze Gebiet zwischen Gürzenich und Rathaus war eigentlich nicht vorzeigbar.«

Wie alle hohen Staatsgäste empfängt das deutsche diplomatische Korps auch Queen Elizabeth II. mit 21 Salutschüssen. Und obwohl de Gaulle und Kennedy echte Schwergewichte waren, rangiert die englische Königin doch in mancher Hinsicht eine Stufe höher. »It's the Queen – wunderbar!« betitelt der *Daily Mirror* die Begeisterung der Westdeutschen, »Kein Mensch ist in Deutschland willkommener als die Queen«, ergänzt der *Guardian.* Auch die einheimische Presse ergeht sich in Superlativen: Deutschland erwarte den »Besuch des Jahrhunderts«, schreibt eine Illustrierte. »Mit Elizabeth II. kommt die reichste Frau der Welt (geschätztes Gesamtvermögen 630 Millionen Mark) und die meistgereiste britische Königin (320 000 Kilometer) zu dem längsten (elf Tage) und teuersten (500 000 Mark) Staatsbesuch bundesdeutscher Geschichte.«

Nicht zu unterschätzen auch die historische Note des Besuchs: Dies ist nicht nur der längste und teuerste Besuch eines englischen Oberhaupts, sondern vor allem der erste seit 1909, mithin auch der erste seit den beiden Kriegen, die Deutschland und England auf verschiedenen Seiten gesehen haben.

11 Tage – das klingt irgendwie kölsch. Und recht heimisch fühlen sich Elizabeth und Gatte Prinz Philipp dann auch an jenem 25. Mai neben OB Theo Burauen: Am Rhein herrscht typisch englisches Wetter, es regnet.

Queen Elizabeth II.

25. Mai 1965

Bilderbuch Köln

Am Rathaus weht der Union Jack. Aber ob dieses Foto von 1965 Vorbereitungen zum Queen-Besuch dokumentiert, ist nicht ganz sicher.

Der Rösrather Bernd Siebertz bediente die Queen als junger Barmixer auf dem Petersberg:
»Es war viel los. Königin Elizabeth II. hat sogar ihr eigenes Tafelsilber aus England mitgebracht. (...) Ich hatte erst ein bisschen Hemmungen, aber dann hieß es: ›Kein Wort sprechen!‹ Da war also nichts mit ›Hallo, Lisbeth‹ oder so. Ich habe nur eine leichte Verbeugung angedeutet.«

Eine englische Königin freut sich auf Germany:
»Meine Reise wird mich vom südlichen Ende Deutschlands bis in den hohen Norden führen, den Rhein entlang und bis nach Berlin. Ich freue mich, Menschen aus allen Teilen Ihres Landes und Ihrer Bevölkerung kennenzulernen. Und ich freue mich auch auf Hannover und die anderen Orte von historischer und biografischer Bedeutung.«

1963

Eiszeit

Die letzten Schollen auf dem Rhein

Bilderbuch Köln

Der Januar 1963 ist deutlich kälter als in den Jahren zuvor. Das bekommen auch die Schiffer auf dem Rhein zu spüren, als plötzlich die ersten Eisschollen auf dem Fluss treiben. Der Anblick spült zahlreiche Fotografen ans Ufer, und sie tun gut daran, ein Foto zu schießen. Denn es sind – bis heute – die letzten Eismassen, die Köln zu Gesicht bekommt. Die Begradigung und die daraus resultierende Beschleunigung des Flusses, verbunden mit seiner Erwärmung durch Industrieabwässer und Großstadtluft, setzen dem Phänomen ein Ende.

Für eine geschlossene Eisdecke reicht es 1963 nicht, dafür muss man weiter zurückgehen in der Geschichte. Der Winter 1929 wartete mit Durchschnittstemperaturen von -22 Grad auf, in manchen Nächten wurden sogar –40 Grad gemessen. Auch im Februar 1929 trieben Eisschollen auf dem Rhein. Am 16. Februar waren es so viele, dass es in den starken Flusskrümmungen an der Loreley und bei Unkel zu Eisstaus kam. Die Schollen hinderten sich gegenseitig am Fortkommen, buken zusammen und bildeten alsbald eine kilometerlange durchgängige Fläche. Bis Anfang März hatte diese letzte »Eiszeit« die Rheinlande im Griff.

In alten Zeiten bedeuteten Eiszeiten im Übrigen nicht nur Last und Leid. Mindestens ein Gewerbe freute sich über die anlaufenden Schollen und sammelte sie fleißig ein: die Brauer, die – vor der Erfindung des Kühlschranks – ihre Fässer in Natureiskellern kühlten.

Treibeis bei Porz

1963

Im Winter 1929 schipperten vier todesmutige Unkeler per Eisscholle nach Köln. Ausgerüstet mit einer Bank und einem Ofen, machten sie sich auf den Weg. In Bad Honnef liefen sie einmal kurz auf Grund, konnten sich jedoch befreien. In Bonn scheitert der Versuch, dem Quartett von der Brücke eine Flasche »Schabau« herunterzulassen: Das Seil war zu kurz. Glücklich erreichten sie Köln, wo die Hafenpolizei schon auf die »Eis-Segler« wartete.

» **Ein Bericht aus dem 16. Jahrhundert erzählt von Lust und Leid der Eiszeit:**

»Im Jahre des Herrn 1591 war ein kalter Winter, sodass der Rhein gefror, des nächsten Tages nach dem Tag der St.-Pauli-Bekehrung (25. Januar) und stand ungefähr acht Tage. Und das war in vielen Jahren nicht mehr so geschehen. Um des anderen Tages lief das Volk sehr über das Eis an drei Stellen. Aber danach geschah es, dass das Eis brach und viel Volk war auf dem Eis zwischen Köln und Deutz, dass große jämmerliche Stimmen gehört wurden, denn das Volk lief sehr eilig auf dem Eis dem Lande zu nach Köln und nach Deutz. Doch Gott fügte, dass das Eis wiederum zum Stehen kam und das Volk kam zu Lande, sodass niemand ertrank.«

Der Kölnisch-Preußische Polizeipräsident hat den Bürgern am 22. Januar 1823 etwas mitzuteilen. Bemerkenswert ist der heute undenkbare »Leichtsinn« der Ankündigung:

»Da die Eisdecke auf dem Rhein heute Mittag bis in die Gegend von St. Kuniberts-Kirche vorgerückt ist, so steht zu erwarten, dass binnen kurzem die Eisdecke eine sichere Passage vor hiesiger Stadt darbieten wird. Der Zeitpunkt und die Stelle, wo das Eis auf dem Rhein ohne Gefahr passierbar werden kann, wird noch näher bekanntgegeben.«

Eisgang auf dem Rhein 1963, Höhe Konrad-Adenauer-Ufer

1963

Peter Müller und Ringrichter Max Pippow 1952

»Dä Papperlapapp hau ich vür de Schnüss«

Die Sportstadt, ihre Helden und Highlights

Müllers Aap gegen Laszlo Papp

30. März 1963

Das Foto von 1952 ist längst zur Ikone geworden: Ein Boxer, offenbar außer Rand und Band, setzt einen saftigen Treffer gegen die Stirn des Ringrichters, der bereits benommen in den Seilen hängt. Ein Skandal, selbstverständlich. Aber auf der anderen Seite auch: der Ausbruch eines charismatischen Vulkans, eines Boxers von der Straße, der sich von Regeln nicht einschüchtern lässt, solange er sich im Recht fühlt. Und um Gerechtigkeit ging es zuallererst, als die Sache damals im Ring aus dem Ruder lief: »Dä hat mich ene dreckelije Zijeuner jenannt«, erklärte »die Aap«, wie Müller genannt wurde, »un do han ich en ömjemaat.«

Müller wurde zunächst lebenslang gesperrt und verdingte sich als Catcher (»Rä-de-wumm, de Pitter fällt nit um«), durfte ab 1954 jedoch weiterboxen. Jenseits seiner zum Teil kuriosen Eskapaden werden die Fights mit dem Ungarn Laszlo Papp zu sportlichen Highlights seiner Karriere – wenn auch mit jeweils unglücklichem Ende. Am 10. September 1961 verliert »die Aap« den ersten Kampf in Köln durch K.o. in der 8. Runde. Der Rückkampf in Wien wird bereits in der 4. Runde zugunsten des Wahl-Österreichers abgebrochen, nachdem Müller mehrfach den Ringboden geküsst hat. Laszlo Papp steigt danach zum Europameister auf, einen Titel, den der Kölner bereits gegen Bubi Scholz vergeblich zu erringen versucht hatte. Am 30. März 1963 dann fordert der mehrfache deutsche den amtierenden Europameister zu einem dritten Kampf heraus. »Dä Papperlapapp hau ich vür de Schnüss«, prophezeit »die Aap« in seiner gewohnten Art. Aber wiederum in der 4. Runde liegt der kölsche Held am Boden. Ausgeknockt.

» **Der *Spiegel* in seiner Ausgabe vom 18. Juni 1952, zehn Tage nach dem Knock-out des Ringrichters Pippow:**
»Peter Müller, in der Eifel als Sohn einer asozialen Familie geboren (Zigeunereinschlag), war gelernter Melker und kam 1947 durch das Boxen nach Köln. Als er die ersten Berufsboxer-Kontrakte unterzeichnen sollte, konnte er noch nicht seinen Namen schreiben. Er war Analphabet.«

1963

Der 1. Große Preis von Europa

20. Oktober 1963

Eröffnet wurde die Weidenpescher Pferderennbahn bereits im Jahr 1898. Seitdem gelang es dem Kölner Rennverein immer wieder, große, hochdotierte Rennen zu etablieren. Was vor dem Zweiten Weltkrieg der Gerling-Preis war, wird danach das Union-Rennen. Einen echten Coup jedoch landet man 1963 mit der Ausrufung eines Großen Preises von Europa. Der Wettbewerb für Vollblüter ab drei Jahren bleibt lange Zeit das höchstdotierte Galopprennen Deutschlands und ist bis heute Höhepunkt der Kölner Saison. Der erste Sieger kommt dann auch tatsächlich vom Rhein: Der Hengst Opponent futtert sein Heu in einem Kölner Stall, in seinem Sattel sitzt mit Hein Bollow ein gebürtiger Hamburger, der allerdings seit 1947 in der Domstadt lebt. Zu einer absoluten Ausnahmefigur in der Geschichte des Großen Preises von Europa wird in der Folge ein russisches Pferd. Der 1961 geborene Hengst Anilin gilt bereits zu Lebzeiten als Legende und verfügt heute sogar über einen eigenen Wikipedia-Eintrag. Das über 2 800 Meter führende Langstreckenrennen zu Köln gewinnt er mit seinem Reiter Nikolai Nasibow ab 1965 dreimal hintereinander. Auch ein halbes Jahrhundert später ist dies keinem anderen Galopper je wieder gelungen.

Zieleinlauf in Weidenpesch

Bilderbuch Köln

Die Rennbahn-Gastronomie (2003)

Bilderbuch Köln

Eckhard Sauren, passionierter Pferdezüchter und Vorsitzender des Kölner Rennvereins, über …

… den Reiz der Rennbahn:

»Ich gehe dort hin, weil man auf der Pferderennbahn Sport der Extraklasse erlebt. Weil da eine fantastische Atmosphäre herrscht und man abseits des Berufsalltags mit Freunden und Familie eine schöne Zeit verleben kann. Und wenn man wettet, wird's auch noch spannend.«

… seine eigenen, bekanntermaßen eher begrenzten Reitkünste:

»Ein begnadeter Reiter bin ich nicht, das ist wohl wahr. Aber ich habe außer Pferden schon Esel, Elefanten und Kamele geritten. Kamele sind äußerst ungemütlich. Elefanten sind recht träge und langweilig, die spüren einen ja gar nicht. Esel hingegen sind witzig. Die sind schnell, und wenn die mal Gas geben, macht das richtig Spaß. Ich bin mal auf einem Esel durch das Tal der Könige in Ägypten geritten, das war der schönste Trip, den ich je gemacht habe.«

Bilderbuch Köln

1963

Karl-Heinz Kunde auf der Tour Mitte der 1960er

Die Tour de France startet in Köln

22. Juni 1965

Auch dieses Ereignis muss man als Zeichen der Versöhnung sehen: 20 Jahre nach dem Ende des Zweiten Weltkriegs verlegen die französischen Organisatoren den Start ihres größten nationalen Sportereignisses erstmals nach Deutschland. Dort jedoch immerhin in eine Stadt, die ab 1794 ebenfalls 20 Jahre französisch war: Cologne/Köln am Rhein. Bevor es vom Dom aus losgeht, kommt die Kirche zu ihrem Recht. Der Kölner Kardinal Frings, selbst eine Legende, erteilt den 130 gemeldeten Fahrern seinen Segen für die folgenden 4177 Kilometer.

Die erste Etappe führt über 149 Kilometer nach Lüttich, und sie ist begleitet von überbordender Begeisterung der deutschen Zuschauer. Allein in Frechen wohnen rund 20 000 Menschen dem Spektakel bei. Am Ende des Tages darf sich der Belgier Rik van Looy das erste Gelbe Trikot überstreifen. Gesamtsieger wird drei Wochen später Felice Gimondi aus Italien. Den irgendwie kölschen Platz 11 des Gesamtklassements belegt im Übrigen der beste Deutsche jener Jahre: Karl-Heinz Kunde aus Köln. Im Jahr darauf wird er dann sogar selbst fünf Tage im Gelben Trikot fahren.

Der Kölner Radrennfahrer Karl-Heinz Kunde (geb. 1938) über seine Eroberung des Gelben Trikots 1966:

»Der größte Radfahrer war damals Jaques Anquetil. Und an dessen Hinterrad habe ich mich gehängt. Zwei Jahre lang. 1966 dann, wir fuhren in die Pyrenäen rein, merke ich: Der Anquetil schwächelt. Also bin ich vorbei an dem, habe die Spitzengruppe verfolgt und die Etappe am Ende mit sieben Minuten Vorsprung auf die Favoriten beendet.«

Der Tod von Jupp Elze

20. Juni 1968

Es ist nicht alles eitel Sonnenschein in der Kölner Sportwelt der 60er. Zu einem echten Schock wird der Tod des jungen Boxers Jupp Elze. Das hoffnungsvolle Talent wird seinerzeit gemanagt von Kölns zweitem großen Fußballpräsidenten nach Franz Kremer: Jean Löring von der südstädtischen Fortuna. 1939 geboren, ist Elze seit 1964 Deutscher Mittelgewichtsmeister, 1966 hat er im Müngersdorfer Stadion Herausforderer Peter Müller in der 2. Runde k.o. geschlagen. Im selben Jahr griff er auch erstmals nach der EM-Krone, verlor jedoch durch technisches K.o. in der 14. Runde gegen den amtierenden Champ, den Italiener Nino Benvenuti. Am 12. Juni 1968 versucht Jupp Elze es erneut, diesmal ist sein Gegner ein Argentinier. Nach 14 von 15 Runden führt er in der Kölner Sporthalle gegen Carlos Duran nach Punkten. Im letzten Durchgang jedoch kassiert er einen illegalen Treffer auf den Hinterkopf, erhebt sich noch einmal kurz und fällt dann ins Koma. Jupp Elze stirbt acht Tage später, ohne noch einmal erwacht zu sein. Die Obduktion ergibt: Der Kölner war mit ziemlicher Sicherheit gedopt. Sein Manager Jean Löring zieht sich daraufhin aus dem Boxsport komplett zurück.

Jupp Elzes Grab auf dem Ostfriedhof

Jupp Elze in seinem letzten Kampf am 12. Juni 1968

1964

»Support your local Gummi-Händler!«

Einkaufen gestern und heute

Die Schweizer Ladenstadt – Deutschlands erste Shoppingmall

Die Schweizer Ladenstadt gilt als die erste innerstädtische Einkaufspassage von ganz Deutschland. Bei ihrer Eröffnung 1964 bietet die nach amerikanischem Vorbild errichtete Shoppingmall Platz für knapp 70 Einzelhändler. 4711-Chef Mülhens hatte der Stadt annähernd 7 000 Quadratmeter Boden zur Verfügung gestellt, über denen man auf mehreren Etagen 32 000 Quadratmeter Nutzfläche schuf. 60 Millionen DM wurden investiert, um den Kölnern ein ganz neues Einkaufserlebnis zu bescheren. Analog dem Erfolgskonzept aus den USA weisen hier Hostessen den Weg zum gesuchten Fachgeschäft, während Kindergärtnerinnen derweil die Kleinen hüten. In der Ladenstadt bekommt man neben Alltagswaren auch Brautkleider und Kleintiere. Darüber hinaus sollen Cafés, Friseure und ein Parkhaus für 600 Autos dafür sorgen, dass man nirgendwo anders mehr hinmuss.

Aber der Plan geht nicht auf. Schon bald steht das landesweit beachtete Projekt auf der Kippe. Zunächst gerät der Investor in Schwierigkeiten: Von der Züricher Gesellschaft IBZ Finanz AG hat die kölsche Mall ihren Vorsatz »Schweizer« erhalten. Erschwerend kommt hinzu, dass die Kundschaft ausbleibt. Die Fachhändler der Ladenstadt sind angetreten, den großen Warenhäusern an der Schildergasse Konkurrenz zu machen. Aber die Kölner bleiben auf ihren eingetretenen Pfaden und meiden das neue Areal. Die Wochenzeitung *Die Zeit* muss bereits 1965 vermelden, dieses »scheinbar einleuchtende Rezept« sei »eine Milchmädchenrechnung. Wenn nämlich die Preise nicht stimmen, die Ladengröße nicht, die Geschäftsführung nicht, die Ladenöffnungszeiten nicht; vor allem aber, wenn der Standort nicht stimmt, dann kann eine noch so schön ausgedachte, mit großem Kapitalaufwand in Szene gesetzte Idee Schiffbruch erleiden.«

Heutzutage hört die Schweizer Ladenstadt längst auf den irgendwie mondänen Namen »Opern-Passagen«. Was *Die Zeit* vor 50 Jahren diagnostizierte, ist jedoch auch heute noch nicht vom Tisch.

Die Schweizer Ladenstadt 1965 (oben) und 1987 (unten)

Das Büdchen-Denkmal – weltweit einzigartig

Während die Schweizer Ladenstadt für den Fortschritt steht, scheint andernorts die Zeit stillzustehen. Vom modernen Konsumtempel zum improvisierten Kiosk führt ein Weg gen Kaiser-Wilhelm-Ring. Denn hier steht eines der berühmtesten und langlebigsten Büdchen der Stadt. Heinrich Reintges hatte sich 1950 an der Ecke zur Hermann-Becker-Straße einen kleinen Verschlag gezimmert, aus dem heraus er Zeitungen, Getränke und Süßwaren verkauft. Darüber hinaus fungiert der inselartige Ort als Trinkhalle, an der man zur Flasche Bier ein Schwätzchen hält und ganz entspannt das Treiben auf den Ringen beobachtet. Fast 50 Jahre lang läuft das so, bevor Reintges' Reich einer Umbaumaßnahme im Rahmen des neu entstehenden Mediaparks weichen muss.

Aber obwohl es dem Erdboden gleichgemacht wird, verschwindet das Büdchen doch nicht ganz. Für den Erhalt der Institution hat sich neben anderen der Künstler Martin Mlecko eingesetzt. Als nichts mehr zu retten ist, kommt ihm eine andere Idee. Mlecko sucht und findet Sponsoren, und so entsteht hier das wohl weltweit einzige Denkmal für einen Kiosk. Wo früher die Bretterbude stand, schmückt seit 1997 ein Bodenmosaik den Asphalt. Die Scherben aus Muranoglas imitieren den dunkelgrünen Anstrich des einstigen Büdchens und begrenzen exakt seine Grundfläche.

Bilderauch Köln

Reintges' Büdchen

Mleckos Büdchenmosaik

Martin Mlecko über sein Büdchenmosaik:

»Das begehbare, leuchtend grüne Glasmosaik markiert und erinnert an den Ort, an dem über mehrere Jahrzehnte ein kleiner grüner Kiosk stand. Der Titel der Arbeit TRINKHALLE ist auch eine Referenz an Ludwig Mies van der Rohe und dessen einzigen Bau in Dessau, die TRINKHALLE.«

1964

Ob Nippel, Pöppel, Läufer, Matten – Gummi Grün hat alles.

Gummi Grün und Honig Müngersdorff

Kathrin B. bringt es in einem einschlägigen Internetforum auf den Punkt:

»Auch wenn es antiquiert klingt: Bei Gummi Grün weiß man, was man bekommt. Und wenn's nix ist, kann man es mit Sicherheit umtauschen. Support your local Gummi-Händler!«

Der frühere *Stern*-Redakteur und Grimme-Preisträger Hans Conrad Zander antwortete einst auf die Frage, was er auswärtigen Gästen in Köln als Erstes zeige, folgendermaßen: »Zuerst führe ich sie zu Gummi Grün und dann zu Honig Müngersdorff, das ist das beste Honiggeschäft der Welt. Wenn Sie das nicht kennen, kennen Sie Köln nicht!«

Wer das für übertrieben hält, dem sei gesagt: aber nur ein bisschen! Denn die Kölner Sehenswürdigkeiten bestehen aus mehr als dem Dom und dem Römisch-Germanischen Museum. Und die Geschäftswelt beschränkt sich nicht auf Kaufhof, Karstadt oder etwa die Shops der Schweizer Ladenstadt. Mit Honig Müngersdorff betritt man eine Art Schlaraffenland. Der süßlich-milde Geruch von Tausenden Kerzen und Honigprodukten beruhigt augenblicklich die Sinne. Und auch die spürbare, über 165-jährige Tradition des Familienbetriebs trägt zur angenehmen Atmosphäre bei. Der erste Honig-Müngersdorff war eigentlich Winzer gewesen. Als jedoch 1847 das Reinheitsgebot für Wein in Kraft trat, sattelte er um. Bis dato hatte er seinen Wein mit Honig verschnitten, und fortan setzte er ganz auf diesen süßen Saft.

Wie Honig Müngersdorff ein wenig abseits der geschäftigen Schildergasse liegt, so residiert Gummi Grün wenige Meter vom nicht minder betriebsamen Neumarkt entfernt. Kein Nippel oder Pöppel, keine Dichtung und kein Schlauch, den man hier nicht fände. Sei es die klassische Wärmflasche oder die antike Badehaube, das robuste Paar Gummistiefel oder der saugstarke Klopömpel: Bei Gummi Grün ist der Name Programm. Gegründet wurde das Kautschuk-Imperium 1884 von Franz Grün, der es dann auch für die nächsten 36 Jahre leitete. Um den Betrieb auch nach der Ausbombung im Zweiten Weltkrieg aufrechtzu erhalten, wurden die Gummiwaren zeitweise aus der heimischen Garage heraus verkauft. Alles im Dienste der Tradition und gemäß dem hauseigenen Slogan, der da lautet: »Gib Gummi!«

Wolfgang Müngersdorff, in sechster Generation Chef des gleichnamigen Honig-Fachgeschäfts, kennt seine Pappenheimer:

»Japaner kaufen alles, was sie zuhause offenbar nicht kriegen, Fenchelhonig zum Beispiel. Engländer bevorzugen Kölner Honig als lokales Mitbringsel. Und Gäste aus Dubai nehmen sich gern ein Glas Gelée royale mit. Das ist der edle Futtersaft, den nur die Larven der Bienenköniginnen bekommen. Man sagt, er steigert die Konzentration und Vitalität, das wäre dann so eine Art Bienen-Viagra.«

1964

Ausländer rein!

Die Stadt und ihre Arbeitsimmigranten

Der millionste Gastarbeiter landet in Deutz

»Ich wollte das nicht, aber er wäre auch ohne meine Erlaubnis gegangen«, sagte Maria Emília später über ihren Mann. Da waren die Tränen längst getrocknet, die sie an jenem 7. September 1964 am Bahnhof im heimischen Canas de Senhorim in Portugal geweint hatte. Ihr Mann Armando Rodrigues de Sá wollte die Familie besser ernähren als zuvor, und dafür musste er nach Deutschland, als Gastarbeiter. Drei Tage ist der damals 38-Jährige unterwegs, bis er die Domspitzen vor sich sieht. Aber noch bevor er in Deutz aus dem Zug steigt, erschrickt er. Warum die Leute dort auf dem Bahnsteig seinen Namen rufen, kann er sich einfach nicht erklären.

Die Lösung: Armando ist der millionste Gastarbeiter der Bundesrepublik Deutschland. Im nächsten Moment wird er umzingelt: Fernsehkameras nehmen ihn in den Fokus, er schüttelt Dutzende Hände, und die Werkskapelle von Felten & Guilleaume spielt ein Lied, das sie für typisch südländisch hält: »Auf in den Kampf, Torero«.

Neben einem Strauß Nelken bekommt Armando ein werkfrisches Moped geschenkt, das heutzutage im Bonner Haus der Geschichte steht: eine zweigängige »Zündapp Sport Combinette«.

Zentraler Umsteigebahnhof für Migranten von der Iberischen Halbinsel ist Deutz-Tief, bis zum Anwerbestopp 1973 langen hier knapp eine halbe Million Menschen an. Armando Rodrigues de Sá ist Zimmermann und mit Maria Emília Pais seit 1945 verheiratet. Seine beiden Kinder sieht er in der Folge meistens nur einmal im Jahr, wenn ihn das Heimweh packt und er von Deutschland zurück nach Portugal aufbricht.

Kölner ist Armando jedoch nur für wenige Stunden. Nach dem Zeremoniell fährt er weiter ins Schwäbische, zu seiner neuen Arbeitsstelle. Er war ein sehr freundlicher, ruhiger Mann, der sein Geld gut zusammenhielt, erzählt seine Frau später. Sein Moped überführt er so schnell wie möglich nach Hause. Bis zu seinem Krebstod 1979 hat er nie jemanden damit fahren lassen.

Armando Rodrigues de Sá bei seiner Ankunft in Köln 1964

1964

»Neppes, Ihrefeld un Kreuzberg«
In diesem Song von der allerersten BAP-LP »BAP rockt andere kölsche Leeder« (1979) singt Wolfgang Niedecken:
»Neppes, Ihrefeld un Kreuzberg,
Castrop-Rauxel, Ford un Bergwerk.
Türkeveedel, fass wie Harlem.
Müllabfuhr, un waade, waade
Merke, dat mer nit erwünsch ess
Un met nem Schnäuzer keine Minsch ess.«

Während Portugiesen wie Armando Rodrigues de Sá ab 1964 in die Bundesrepublik kommen, ist das erste Anwerbeabkommen für ausländische Arbeiter bereits 1955 geschlossen worden. Und zwar mit Italien. Viele der vorwiegend aus dem ärmeren Süden stammenden Italiener siedeln sich im Eigelstein an. Hier sind die Mieten bezahlbar, und das Leben spielt sich – in vielfacher Hinsicht – auf der Straße ab. Obwohl heutzutage türkische und nordafrikanische Läden überwiegen, hat der Eigelstein sich einige italienische Inseln bewahrt – nicht zuletzt das Restaurant San Remo auf der Weidengasse mit seiner wunderschön geschwungenen Freitreppe hoch zur Galerie.

Der Eigelstein

Die Eigelsteintorburg im Jahr 1960

Die Ford-Werke von oben (1950)

Der Ford Taunus de luxe mit durchgehender Frontscheibe (1951)

Türkische Ansichtskarte aus Köln (1965)

Die Ford-Werke

Der Autofabrikant Henry Ford war einer der ersten Unternehmer, die Fließbänder einsetzten, um ihre Produktion anzukurbeln. Und Fließbandarbeit war es auch, mit der die allermeisten Arbeitsmigranten vorliebnehmen mussten. Die deutsche Zentrale des Konzerns liegt seit 1930 in Köln. Anfang der 60er-Jahre begann man hier, verstärkt ausländische Arbeitskräfte anzuwerben. Heutzutage ist der türkisch(stämmig)e Ford-Arbeiter schon beinahe ein Klischee.

Die Mülheimer Keupstraße

Wie im Eigelstein, in Nippes oder Ehrenfeld siedeln sich die Gastarbeiterfamilien auch in den alten Industrievierteln auf der rechten Rheinseite an. Zu einem Synonym für türkische Wohnkultur und Lebensart in Köln wird die Mülheimer Keupstraße. Wer aus der Türkei in diese rund 800 Meter lange Straße zieht, der arbeitet zum Beispiel im Kabelwerk Felten & Guilleaume – gleich nebenan in der Schanzenstraße.

Die Keup- hieß zunächst Wolfstraße, sie ist ein Produkt der rechtsrheinischen Industrialisierung des 19. Jahrhunderts. Ihren heutigen Namen verdankt sie Maria Sybilla Petronella Keup, Witwe des Mülheimer Getreidehändlers Kaspar Keup. Mitte des 19. Jahrhunderts ermöglichte ihre großzügige Spende den Bau des Drei-Königen-Hospitals (s. Foto von 1930). Es wurde 1975 zugunsten eines Altenheims abgerissen.

1965

Die Sporthalle, von Käfern belagert (1960)

Affenmusik und Elefantenritt

Die Kölner Sporthalle zwischen Folklore, Rock und Radrennen

Die Lachende Sporthalle

Otto Hofner hat bereits in den 50er-Jahren die Tourneen von Stars wie Johannes Heesters, Zarah Leander oder dem Don-Kosaken-Chor organisiert. Nach einem Testlauf in Dortmund startet er dann 1965 ein Experiment, das Geschichte schreiben wird: die Lachende Sporthalle. »Wenn ich das aufziehe, dann ganz groß. Und anders als die Karnevalssitzungen der einschlägigen Vereine.« Sprich: Keine Orden, keine Spenden, keine Ehrengäste – in seiner Show jagt ein Highlight das nächste. Und um Pausen zu vermeiden, engagiert Hofner statt einem gleich zwei Orchester. Willy Millowitsch ist zunächst der unangefochtene Star der Lachenden Sporthalle, auch Trude Herr und Jupp Schmitz sind regelmäßig dabei. 1971 darf erstmals die spätere Motto-Queen Marie-Luise Nikuta ran. Dass mit Camillo Felgen auch nicht-kölsche Entertainer auf der Bühne stehen, zeugt von Hofners entspannter Einstellung zum Dialektalen.

Während anfangs noch viele Redner auftreten, geht irgendwann auch in der Sporthalle der Trend zur Band. Die Bläck Fööss lösen das Eilemann-Trio und Steingass-Terzett ab, die Höhner, Räuber, Paveier, Brings und Kasalla folgen nach.

Eine Besonderheit der Veranstaltung ist die Selbstverpflegung der Zuschauer. Hofners Ziehsohn Eberhard Bauer-Hofner erinnert sich: »Das hat sich entwickelt. Irgendwann begannen die Leute, sich vor dem Besuch einen Flachmann in die Brusttasche zu stecken. Bald wurden daraus dann ganze Pittermännchen. Und weil es damals noch richtige Winter gab, konnte man den Nachschub bequem im Autokofferraum kühlhalten.«

Das Konzept Hofners bewährt sich und wird sogar exportiert – zum Beispiel nach Krefeld, wo dann auch dort vor allem die kölschen Größen für Stimmung sorgen. Bis 1998, 33 Jahre lang, residiert die Erfolgsshow in der alten Sporthalle. Dann muss sie umziehen, und mit der Location ändert sich auch der Name – in Lachende Kölnarena.

Das Premierenplakat der Lachenden Sporthalle 1965

»EIN BISSCHEN SEHR DERB«

In der Lachenden Sporthalle wurde er stets gern gesehen. Das Festkomitee Kölner Karneval hingegen schloss ihn wegen seiner schmutzigen Witze immer mal wieder von allen Veranstaltungen aus. Gastspieldirektor Eberhard Bauer-Hofner über den Büttenredner und Sänger Horst Muys:

»Er war manchmal ein bisschen sehr derb, ja. Aber egal wieviel er getrunken hatte, egal, wie lange er hinterm Vorhang hatte warten müssen, er wollte unbedingt noch auf die Bühne. Er hat geradezu auf Knien um seinen Auftritt gebettelt. Und er hat's dann auch immer geschafft, er war einfach unheimlich beliebt beim Publikum.«

1965

Rock, Pop und Politik

Zwei Jahre nach der Premiere der Lachenden Sporthalle erklingen in der Deutzer Arena völlig andere Töne. Nicht nur Köln, sondern ganz Deutschland ist aus dem Häuschen, als sich die Rolling Stones 1967 auf ihre »European Tour« begeben. Teenager werden seinerzeit noch gern als »Halbstarke« bezeichnet, und Pop gilt als »Affenmusik«. »Eine kranke Jugend auf der Flucht in gellende Beatorgien«, schreibt der Journalist Thilo Koch (*Die Zeit* u.a.). Bei Bands wie den Stones kommt erschwerend hinzu, dass ihre Songs wie ihre Bühnenshow als stark sexuell aufgeladen empfunden werden. Passend dazu heißt die erste Single-Auskopplung aus dem 67er-Album »Between the Buttons« dann auch: »Let's Spend The Night Together«.

Die Band um Mick Jagger, Keith Richards und – zum letzten Mal – Brian Jones hat ihre Tournee in Schweden gestartet und erreicht am 30. März Köln. Die Stadt überlebt den Einmarsch der »Wilden«, genauso wie viele spätere Besuche von Rockgrößen. So gastieren in der Sporthalle bald auch Jimi Hendrix (1/69) und Led Zeppelin (3/70).

»

Der *Express* schreibt am 31. März 1967:

»Rote und weiße Nelken warf der Boss der Rolling Stones, Mick Jagger, in den Zuschauerraum der Kölner Sporthalle. Seine 3000 begeisterten Fans antworteten prompt: Sie warfen mit Schuhen und Kleidungsstücken zurück, zuckten im Rhythmus des heißen Beat, kreischten, trampelten und klatschten.«

> **Henrik M. Broder schreibt 1968 über Floh de Cologne:**
> »Es ist das Härteste und Engagierteste, was es zur Zeit im deutschen Kabarett gibt: weder gefällige Reime, noch harmlose Kalauer. Und es wird agitiert …«

Wolf Biermann

Zu einem historischen Gastspiel kommt es am 13. November 1976. In der DDR, seiner Wahlheimat, hat der Liedermacher Wolf Biermann seit mehreren Jahren Auftrittsverbot. In Köln warten 7 000 Menschen auf seinen Gig, der Barde wird umjubelt. Aber mit dem Konzert in der Kölner Sporthalle endet sein Leben im Realsozialismus für immer: Biermann wird ausgebürgert und zieht zurück nach Hamburg, wo er 1936 geboren wurde.

Von links: Dieter Klemm, Vridolin Enxing, Hansi Frank, Theo König und Dick Städtler (1978)

Floh de Cologne

Ein besonderes musikalisches Ereignis steigt schließlich auch am 7. April 1983. Die linksradikale Kölner Band Floh de Cologne verabschiedet sich von der Bühne und lädt dazu alle Mitstreiter aus den vergangenen Jahren ein: »Väterchen« Franz Josef Degenhardt ist genauso dabei wie Hanns Dieter Hüsch, Hannes Wader und die aufstrebende Mundartband BAP. 6 000 Zuschauer verfolgen ein Mammutkonzert von 14 Stunden.

1965

Sechstagerennen 1960

Renee Pijnen und Didi Thurau (hinten) beim Wechsel 1986

Die »schnellste Holzbahn Deutschlands«

Bis zu ihrem Abriss 1999 werden in der Sporthalle rund 15 Millionen Menschen knapp 3 500 Veranstaltungen besucht haben. Und nicht umsonst trägt die 1958 eröffnete Multifunktionshalle im rechtsrheinischen Deutz den Vorsatz »Sport-«. Denn jenseits von Popkonzerten ist die Arena vor allem auf sportliche Events ausgerichtet. Manche der damals vor großem Publikum präsentierten Sportarten sind heute in den Schatten geraten. Weder die Deutsche Meisterschaft im Amateurtanzen (1965) noch die Weltmeisterschaften im Radball und Einer-Kunstradfahren (1966) würden heutzutage im Sporthallen-Nachfolger ausgerichtet werden.

Ebenfalls stark nachgelassen hat das mediale und Publikumsinteresse an den einst so populären Sechstagerennen, die in der Sporthalle bis 1997 veranstaltet wurden. In den 60er-Jahren jedoch stehen sie noch in voller Blüte, und Köln ist traditionell eine Hochburg der Rundenfresser. Das erste Rennen auf der 166 Meter langen Bahn steigt bereits zwei Wochen nach der Eröffnung im Dezember 1958. Die Klappstühle sind aus Holz, und wer alles genau mitbekommen möchte, muss auch die Nacht über hier ausharren. Um sich wach zu halten, darf im gesamten Areal geraucht werden – so läuft das in jenen Tagen. Neben überregionalen Stars wie Rudi Altig und Didi Thurau tragen sich auch Kölner Lokalmatadoren in die Siegerlisten ein. Allein Wilfried Peffgen gewinnt, mit wechselnden Partnern, drei Mal (1975, 76 und 78).

Kölsche Stars beim überzapften Kölsch: Marie-Luise Nikuta und Willy Millowitsch

Franz Wendland, Direktor der Kölner Sporthalle von 1977 bis 1998, ritt einst in den 70ern auf einem Elefanten durch die Arena. Mit einer berühmten Sozia:

»Ich kann mich nicht mehr an das genaue Jahr erinnern, aber es war bitterkalt und neben der Halle gastierte ein Zirkus.« Und der war so schlecht besucht, dass die Artisten Wendlands Mitleid erregten. »So kam es dann dazu, dass Marie-Luise Nikuta und ich auf dem Rücken zweier Elefanten durch ein Tor in die Halle einritten.«

1966

2 000 Jahre Shopping

Die Schildergasse wird zur ersten Fußgängerzone der Republik

In diesem Punkt war die DDR ein wenig schneller: Dort hatte man bereits Anfang der 60er-Jahre einen Teilabschnitt der Magdeburger Karl-Marx-Straße zur Fußgängerzone erklärt. Der Westen mochte naserümpfend auf die kommunistische Hälfte des Landes schauen, aber in Köln ist man lernfähig: Am 23. Februar 1966 wird die Schildergasse zur ersten verkehrsberuhigten Einkaufszone der BRD. Haben hier bis vor Kurzem noch Autos direkt vor den Kaufhäusern geparkt, so flaniert der interessierte Kunde ab sofort ohne jegliche Lärm- und Abgasbelästigung.

In den nächsten Jahren wird die Fußgängerzone zum Erfolgsmodell. Toll, was man alles auf eine Straße setzen kann, wenn keine Autos da durchfahren. Seltsame Stelen zum Beispiel, wie die des »Bierbrunnens« an der Ecke zur Hohe Straße. Weil hier eine Brauerei als Sponsor auftritt, fließt bei der Einweihung 1972 kein Wasser, sondern Kölsch durch die Düsen. Schöner Brauch, der aber leider in der Folgezeit eingestellt wurde.

Wie die Schildergasse, so ist auch die abzweigende Hohe Straße römischen Ursprungs. Mit diesen beiden Schneisen treffen die zentralen Nord-Süd- und Ost-West-Achsen der antiken CCAA aufeinander. Schon die Römer erhoben die wichtige Kreuzung zum Versammlungs- und Marktplatz. Unter beiden Straßen wurden zahlreiche Spuren ihrer 2 000-jährigen Geschichte als Verkaufsmeile gefunden. Die Schildergasse etwa trägt ihren Namen nicht von ungefähr. Hier arbeiten im Mittelalter die Wappenmaler, die nicht zuletzt die Schilde der Ritter verzieren.

Während die Hohe Straße in ihrem Verlauf und ihrer Größe seit 2 000 Jahren beinahe unverändert ist, wird die Schildergasse nach dem Krieg deutlich breiter. Zwei Jahre nach ihr wird auch die Hohe Straße zur reinen Fußgängerzone erklärt. Der Kunde weiß auch dies zu würdigen: Seit vielen Jahren rangieren Kölns benachbarte Einkaufsstraßen regelmäßig unter den zehn meistfrequentierten der Republik.

Bilderbuch Köln

Obstverkäufer an der Hohe Straße (1960)

NBRÄU
Zauberkönig
Etam
Hohe Str.
Einbahnstraße

1966

Die Schildergasse 1966 (unten rechts), die Hohe Straße 1960 (links) und 1968 (rechts)

Der lange Samstag

Den »Langen Samstag in der City« gab es schon vor dem gleichnamigen Lied der Bläck Fööss aus dem Jahr 1977. Das ansonsten sehr rigide Ladenschlussgesetz der Nachkriegszeit machte den ersten Samstag jeden Monats zum Einkaufstag für die ganze Familie. Dann nämlich konnten die Geschäfte ihre Pforten bis 18 Uhr (statt 14 Uhr) offenhalten. Oder wie die Bläck Fööss singen:

»En d'r Stadt es Remmidemmi / Alle Parkhüser sin voll / Üvverall nur Minschemasse / Un die kaufen hück wie doll / Ne kleine Panz, dä es am kriesche / De Frau Schmitz sök ihr Marieche/ Stauung ahn 'ner Frittebud / Denn Fritte schmecken immer jut.«

Die Hohe Straße 1960, noch mit Bürgersteig

KLAUS DER GEIGER

Wo Fußgängerzonen, da Straßenmusikanten. Deutschlands wohl berühmtester ist der Kölner Klaus der Geiger. Sein bevorzugtes Revier über viele Jahre: die Schildergasse.

1966

Unter Wasser – Übers Wasser

Ein junger Wal und eine neue Brücke

Moby Dick

Am 11. Juni 1966 schwimmt er durch Köln, aber da hat er bereits eine lange Odyssee hinter sich. Moby Dick, der Weiße Wal, hält die Menschen rechts und links des Rheins seit dem 18. Mai in Atem. Am Morgen jenes Tages sichtet die Besatzung des Tankschiffs »Melanie« das rund vier Meter lange Tier bei Duisburg. Die prompte Meldung klingt der Wasserschutzpolizei jedoch so unglaubwürdig, dass die Rheinschiffer zum Alkoholtest gebeten werden. Ergebnis: negativ. Folgerung: Die Nachricht entspricht der Wahrheit.

»Gast aus Sibirien tummelt sich im Rhein«, »Weißer Wal narrt die Verfolger« – so lauten die Schlagzeilen der nächsten Tage. Denn mit der Entdeckung setzt auch die Jagd auf »Moby Dick« ein. Der exotische Gast wird von Booten gen Ufer gedrängt, mit Netzen verfolgt und mit Betäubungspfeilen beschossen. Sogar ein Bogenschütze kommt zum Einsatz, er soll das Tier mit einem gezielten Schuss an eine Boje anschließen. Aber wie der Pottwal aus Herman Melvilles gleichnamigem Roman erweist sich auch der rheinische Moby Dick als zäher Geselle. Stromabwärts kämpft er sich über die niederländische Grenze und ins Ijsselmeer. Die Niederländer erweisen sich als die größeren Tierfreunde und versuchen alles, um ihn zu retten. Aber »Willi de Waal« verschmäht die Schleuse in die Nordsee, macht stattdessen kehrt und flüchtet den Rhein wieder flussaufwärts.

Ursprünglich ist der junge Beluga an der Ostküste Kanadas gestrandet und daraufhin gefangen worden. Ein Zoo in England zeigt Interesse an ihm. Aber der Frachter, der ihn anliefern soll, gerät in einen verheerenden Orkan. Mobys Aquarium wird über Bord gespült und zerstört. Der Wal ist in Freiheit, aber auch sein Orientierungssinn hat Schaden genommen. Als er in jenen Junitagen wieder in Köln anlangt, ist er abgemagert und am Ende seiner Kräfte. Ein kleines Passagierschiff namens »Stromer« scheint es ihm angetan zu haben. Der Beluga spielt damit und schmiegt sich an den weißen Bauch, als sei es seine Mutter. Noch einmal wechselt er die Richtung und sprengt in der alten Bundeshauptstadt Bonn gar eine Pressekonferenz zur NATO-Politik. Fotografen, Journalisten und Politiker verlassen ihre Plätze und stürmen ans Ufer, um einen Blick auf den Beluga zu erhaschen. Sekretärinnen opfern ihm ihre Butterbrote. Bei Wesel übernachtet das Tier in einem Baggerloch und aktiviert seine letzten Reserven. Der zweite Versuch, die offene Nordsee zu erreichen, ist dann tatsächlich von Erfolg gekrönt. Am 17. Juni, rund einen Monat nach seinem Auftauchen, verabschiedet sich Moby Dick in die Freiheit des Ozeans.

> **Der *Spiegel* im Mai 1966:**
> »Das Wal-Fieber brach aus. Moby Dick lieferte Grund für einen außer-saisonalen ›Karnewal am Rhein‹. Die Lokalblätter kolportierten erste ›Wal-Witze‹ – etwa: ›Neue niederrheinische Bauernregel: Ist der Wal im Rhein, ist das Wetter fein‹, während ein Gastwirt in Götterswickerhamm verhieß: ›Nach gelungenen Fang – Weiß-Wal-Kotelett.‹«

Die Wasserpolizei bei einem vergeblichen Fangversuch; Restaurantaushang in Götterswickerhamm am Niederrhein (rechts)

»STOPPT DR. GEWALT!«, »VERHAFTET DR. GEWALT!«:
Ganz Deutschland nimmt Anteil am Schicksal des Weißen Wals. Und der Mann, der ihn so gnadenlos jagt, gerät in den Fokus. Es ist der Direktor des Duisburger Tierparks, und der heißt ausgerechnet: Dr. Wolfgang Gewalt.

1966

Baden unter der halbfertigen Zoobrücke (1964)

Die Zoobrücke im Bau (1963)

»Kölner Grün« – die Zoobrücke wird fertig

Dem tapferen Beluga ist es egal, aber hoch über seinem Rücken tut sich in Köln so einiges. Vier Jahre vor seinem Besuch in der Domstadt hat man mit dem Bau einer gewaltigen Brücke begonnen, die den linksrheinischen Norden mit der »Schäl Sick« verbinden soll. Ein über die Kölner Zeitungen organisierter Leserwettbewerb etabliert 1963 den Namen »Zoobrücke«. Durchaus passend, schließlich liegt der Tierpark nur ein paar Meter weiter. Während zwischen Bonn und Nijmwegen das Moby-Dick-Fieber grassiert, arbeitet man in Riehl nicht weniger fieberhaft am Abschluss des Großprojektes. Bereits 1965 reichte die 597 Meter lange Stahlkonstruktion lückenlos von Ufer zu Ufer. Aber bis die 34 Millionen Mark teure Brücke wirklich fertig ist, vergeht ein weiteres Jahr. Offiziell eingeweiht wird die Zoobrücke am 22. November 1966.

Obwohl die Baufirma einen Rot-Ton vorgesehen hat, entscheidet man sich letztlich wieder für das sogenannte »Kölner Grün«. Oberbürgermeister Konrad Adenauer hatte sich 1929 an die Bayer AG gewandt mit dem Wunsch, eine wartungsfreundliche, wetterbeständige, patinagrüne Farbe für die damals neue Mülheimer Brücke anzumischen. Die Leverkusener Chemiewerke lieferten – und die Kölner Oberen waren begeistert.

Narren und Brücken

Im Juni 2007 greift die Polizei unter der Zoobrücke einen 24-Jährigen auf. Er hat 1,9 Promille im Blut und trägt eine große, rot-weiße Straßensperre auf der Schulter. Offenbar ist der eigenwillige Diebstahl um 3 Uhr nachts einer echten Schnapsidee entsprungen. Das Angebot der Beamten, die Sache gegen Rückgabe der Verkehrsbake zu vergessen, lehnt der Betrunkene ab. Er wolle das Teil als Möbelstück mit nach Hause nehmen. Auch nüchtern gibt sich der junge Mann nicht eben einsichtig. Eine Geldbuße von 250 Euro weist er entrüstet von sich, also zerrt man ihn vor Gericht. Das Urteil: 25 Tagessätze à 15 Euro. Macht 375 Euro.

Er trägt eine Lederhose und bläst in ein riesiges Alphorn. Mitten auf der Zoobrücke. Und weil das den Verkehr dieses Augusttages im Jahr 2013 stört, rückt die Kölner Polizei an. 30 Jahre alt ist der Mann, und er kommt aus dem Allgäu. Den Beamten erzählt er, dass er komplett die Orientierung verloren habe. Eigentlich wolle er zum Heumarkt an der Deutzer Brücke.

Was wir daraus lernen: Der Allgäuer bläst Alphorn, wenn er nach dem Weg sucht.

Die Brücke samt Rheinseilbahn (2007)

1966

Oberbürgermeister Theo Burauen am 27.Oktober 1966 in seiner im *Express* veröffentlichten Brandrede »Ich klage an!«:

»Das waren (...) keine Pennäler, sondern Gammler und sonstige Müßiggänger, die auf Kosten unserer Gesellschaft leben. (...) Köln lebt auch ohne die, die mit unserer Stadt unzufrieden sind. Wir können auf eine ganze Reihe von ihnen ganz gern verzichten.«

Bahn-Blockade im Oktober 1966, man beachte die friedlich eingeschlossenen Polizisten

Der *Express* am 22. Oktober 1966:

»Pennäler stürmten enthemmt weiter, hier zu den Takten von Beatmusik, dort aufgepeitscht von kriminellen Einpeitschern.«

Rudolfplatz, 22. Oktober 1966

Die KVB-Schlacht

Krawalle zwischen Rudolfplatz und Neumarkt

Am Rudolfplatz geht nichts mehr. Zwei Bahnen, von rechts und links kommend, stecken auf den Gleisen fest wie Projektile im Lauf. Eine Menschenmenge drängelt sich an diesem 22. Oktober 1966 zwischen die Ampeln, Büsche und Waggons, in Köln herrscht zugleich Stillstand und Aufruhr. Denn die da stehen, sind Blockierer. Lediglich ein kleiner Pulk Polizisten ragt aus der regenschirmbewehrten Menge heraus.

Einen Tag zuvor ist in Köln die bis dato größte Protestwelle der Nachkriegszeit gestartet, ausgelöst durch die von der regierenden SPD geplanten Preiserhöhungen bei der KVB. Ein Viertel mehr sollen fortan Erwachsene zahlen und die Fahrkarten für Schüler und Studenten gar um mehr als die Hälfte angehoben werden. Auf Bitte der Liebfrauen-Schülerin Susanne Schweitzer übernimmt der Kölner AStA die Sache. Dessen Vorsitzender Klaus Laepple ist zwar CDU-Mitglied, aber durchaus sozial engagiert. Während einer ersten Demonstration am Freitag, den 21. Oktober, besetzen über 6 000 Jugendliche die Bahngleise in der Innenstadt. Plakate beklagen die »Bereicherung auf Kosten der Schwächsten« und fordern »Nieder mit der SPD«. Die mit Eiern und Tomaten beworfene Polizei antwortet brutal. Wasserwerfer sollen die Demonstranten vertreiben – ohne Erfolg. Bald darauf preschen Reiterstaffeln in die Menge und knüppeln wahllos auf die Sitzenden ein. Die Krawalle dauern bis zum nächsten Morgen an und werden an den Folgetagen fortgesetzt.

Als die KVB den Kölner AStA auf 89 292 DM Schadensersatz verklagt, werden die Studentenvertreter in erster Instanz freigesprochen. Der Bundesgerichtshof jedoch hebt das Urteil drei Jahre später auf. Begründung: »Mit Gewalt nötigt, wer psychischen Zwang ausübt, indem er auf den Gleiskörper tritt und dadurch den Wagenführer zum Anhalten veranlasst.« Das sogenannte »Laepple-Urteil« wird richtungsweisend für die Rechtsprechung der Folgezeit. Bis in die friedensbewegten 1980er hinein wird man mit seiner Hilfe unzählige Blockierer zu Kriminellen stempeln.

1967

Der »Alte«, der »Boss« und der »Volksbischof«

Zwei berühmte Tote und ein Ehrenbürger

Bilderbuch Köln

Konrad Adenauer, der »Alte«

5. Januar 1876–19. April 1967

»Was kümmert mich mein Geschwätz von gestern«, soll er einst gesagt haben, nachdem man ihn auf einen Widerspruch in seinen Reden aufmerksam gemacht hatte. Das zeugt von einem gesunden Selbstbewusstsein, und man könnte dahinter auch ein gehöriges Maß an Ignoranz vermuten. Konrad Adenauer war ein harter Knochen, ein strammer Konservativer und kompromissloser Antikommunist. Aber zugleich war er ein Rheinländer mit allen Attributen, die man diesem Menschenschlag zuschreibt. Sprüche, die das belegen, finden sich in seinen Biografien zuhauf: »Nehmen Sie die Menschen, wie sie sind, andere gibt's nicht«, entgegnete er einst einem Parteifreund, der die Kritik an Adenauers Politik beklagte. Und sein kölscher Katholizismus, jene etwas entspanntere Form des christlichen Glaubens, fand Ausdruck in dieser Sentenz des »Alten«: »Wir sind alle Sünder. Und das Beste ist, die Sünden aufrichtig zu bereuen, dann aber auch wirklich zu vergessen.«

Zeit, seine Sünden zu bereuen, hatte der einstige Oberbürgermeister und Bundeskanzler ziemlich lange. Denn Konrad Adenauer, geboren am 5. Januar 1876 in Köln, wurde 91 Jahre alt. Nach langer Krankheit stirbt er am 19. April 1967. Die städtischen Bühnen ändern daraufhin ihr Programm, Unterhaltungsveranstaltungen werden abgesagt, und die ganze Stadt flaggt halbmast. In den nächsten Tagen pilgern Abertausende zum Dom, um dem dort aufgebahrten Toten ihre Reverenz zu erweisen.

Bilderbuch Köln

Militärkonvoi zur Beerdigung, Höhe Gustav-Heinemann-Ufer

Bilderbuch Köln

Die Bundesmarine auf dem Wasserweg von Köln nach Rhöndorf

Einige weitere denkwürdige Zitate Konrad Adenauers:

»In der Politik geht es nicht darum, Recht zu haben, sondern Recht zu behalten.«

»Alles, was die Sozialisten vom Geld verstehen, ist die Tatsache, dass sie es von anderen haben wollen.«

»Wir leben alle unter dem gleichen Himmel, aber wir haben nicht alle den gleichen Horizont.«

1967

DEUTSCHER MEISTER

Als erfolgreicher Geschäftsmann wusste Franz Kremer, wie man sich vielversprechende Mitstreiter ins Boot holt. Spieler und Sponsoren warb er nach der Fusion mit dem Slogan: »Wollen Sie mit mir Deutscher Meister werden?« 14 Jahre später löste er das Versprechen erstmals ein. Der FC schlug im Endspiel 62 den 1. FC Nürnberg souverän mit 4:0.

Franz Kremer mit Glücksschweinchen

Franz Kremer, der »Boss«

30. Juli 1905 – 11. November 1967

Er selbst nannte sich hin und wieder einen »demokratischen Diktator«. FC-Mitglieder und Fans jedoch sprachen von ihm schlicht als der »Boss«. Franz Kremer ist der wichtigste Mann in der Geschichte des 1. FC Köln. Er hat den FC nicht nur 1948 gegründet, sondern seitdem auch ununterbrochen als Präsident des Vereins fungiert. Auf sein Konto gehen die ersten beiden Meisterschaften 1962 und 64, genauso wie der Bau des damals vorbildlichen Geißbockheims im Grüngürtel. Außerdem gilt er als maßgeblicher Wegbereiter bei der Einführung der Bundesliga 1963. Geboren 1905, kickt er zunächst auf den Poller Wiesen und in verschiedenen Schülermannschaften. Der 16-jährige B-Jugendspieler trägt dann schon das Trikot des Kölner Ballspiel-Clubs (KBC). Als er 1947 zu dessen Vorsitzendem gewählt wird, ist auch schon ein anderer FC-Held Mitglied des aus den Trümmern wiederauferstandenen Vereins: Hennes Weisweiler, der spätere Spieler, Spielertrainer und Meistermacher des FC. Zuvor jedoch muss KBC-Präsident Kremer zu seinem ersten Geniestreich ausholen. Indem er die ebenfalls traditionsreiche Spielvereinigung Sülz 07 für eine Fusion gewinnt, schafft er etwas damals völlig Neues: einen Verein für die ganze Stadt. Folgerichtig bekommt der 1948 aus der Taufe gehobene Club dann auch einen entsprechend ganzstädtischen Namen: 1. Fußball-Club Köln.

Franz Kremer stirbt im Herbst 1967, ausgerechnet am 11.11. Der Macher des FC wurde nur 62 Jahre alt.

Meisterfeier 1962: Christian Breuer (mit Blumenstrauß), Karl-Heinz Schnellinger, Franz Kremer und Mathias Hemmersbach (ebenfalls mit Blumen). Ganz rechts im Profil: Georg »Schorsch« Stollenwerk

Bilderbuch Köln

Bilderbuch Köln

Das Geißbockheim 2008 – 60 Jahre 1. FC Köln

1967

Joseph Frings, der »Volksbischof«

6. Februar 1887–17. Dezember 1978

Ein freudiges Ereignis wird hingegen am 22. Juni 1967 begangen: Der beliebte Kölner Erzbischof und Kardinal Joseph Frings erhält aus der Hand von OB Burauen die Ehrenbürgerwürde verliehen. Frings ist zu diesem Zeitpunkt 80 Jahre alt und fast blind. Aber sein Kopf spielt noch immer blendend mit. Nach dem Krieg hatte er dem Kohlenklau und ähnlichem »Mundraub« von der Kanzel herunter seinen Segen gegeben. Nun liest er in seiner Dankesrede der Stadt und ihren Oberen die Leviten und gibt zugleich Anlass zum Schmunzeln. Der Rhein, den er so liebe, sei furchtbar verdreckt, da mische sich auf das Ungesündeste Chemie mit Kölnisch Wasser. Noch immer feiere er am liebsten bei »Kölsch, Halvem Hahn und Flönz«, erklärt er weiter und untermauert damit jenes Attribut, auf das er besonders Stolz ist: »Volksbischof«. Wegen seiner fortschreitenden Sehschwäche legt er sein Amt zwei Jahre später nieder. Aber Frings ist zäh. Er stirbt erst am 17. Dezember 1978, 91 Jahre alt. Seitdem ruht er in der erzbischöflichen Gruft im Dom.

FRINGSEN

Joseph Frings im Wortlaut jener Predigt vom 31. Dezember 1946, die das Wort »fringsen« in die Welt brachte:
»Wir leben in Zeiten, da in der Not auch der Einzelne das wird nehmen dürfen, was er zur Erhaltung seines Lebens und seiner Gesundheit notwendig hat, wenn er es auf andere Weise, durch seine Arbeit oder durch Bitten, nicht erlangen kann.«
Dass er die einmal ausgesprochene »Erlaubnis« zum Kohlenklau im Folgesatz relativierte, wird gern unterschlagen. Zu Recht, denn die Geschichte ging bekanntlich ihren eigenen Weg.

Kardinal Frings führt 1946 die erste Fronleichnamsprozession nach dem Krieg an.

»Schläch hüre«

Frings sprach nie ohne dialektale Färbung und konnte fließend Kölsch. Eine seiner berühmten Sentenzen bezieht sich auf das nachlassende Augenlicht: »Jot lure kann ich schläch, ävver schläch hüre, dat kann ich jot.«

Weltliches und geistliches
Oberhaupt vereint:
Adenauer und Frings

1967

»Viel Geld, einfach toll«

Die Geburt der Kunstmetropole am Rhein

»VIELE UNZUFRIEDENE«

Auch der alternative »Neumarkt der Künste« gerät bald in Platznöte. Elke Zimmer, die zusammen mit ihrem Mann Werner ab 1970 eine Galerie in Düsseldorf betreibt, erinnert sich: »In diesem Zelt mussten die Kunstwerke in dem stützenden Maschendrahtzaun befestigt werden. (...) Im nächsten Jahr fand die Veranstaltung im Gebäude der Volkshochschule statt. Der Platz reichte indes nicht aus für die vielen Bewerbungen, und das Gebäude war ungeeignet für einen offenen Kunstmarkt. Viele Unzufriedene auf allen Seiten.«

Vom Kunstmarkt zur Art

Kölns Aufstieg zur Kunststadt von internationalem Rang beginnt am 13. September 1967. Im Gürzenich lädt der »Verein progressiver Kunsthändler« zu einem fünftägigen Kunstmarkt. Die Veranstaltung wird zur weltweit ersten Verkaufsmesse für Kunst und markiert die Geburtsstunde der Art Cologne.

Der Erfolg ist für alle Beteiligten überwältigend. 15 000 Besucher spülen rund eine Million Deutsche Mark in die Kassen der Händler. Dieter Brusberg, von Anfang an dabei, erinnert sich später: »Ich habe 50 000 Mark umgesetzt. Das war damals viel Geld, einfach toll.« Schon 1968, in seinem zweiten Jahr, wechselt der Kunstmarkt in die Kunsthalle am Neumarkt. Aber auch dort ist die Nachfrage von Galeristen weitaus größer als das Platzangebot. Viele fühlen sich ausgeschlossen, die Auswahl der Veranstalter ist nicht transparent. Aber jenseits des Krachs hinter den Kulissen geht es weiter steil bergauf. Ab 1970 firmiert die Messe unter dem Namen Kölner Kunstmarkt, 1974 zieht sie in die Deutzer Rheinhallen. Vom Kölner Vorbild animiert, stellen auch Städte wie Basel (1970) und Paris (1974) eine eigene Kunstmesse auf die Beine. Zunächst als rein deutsche Kunstschau intendiert, öffnet sich die Kölner Veranstaltung bald dem internationalen Markt. 1975 wird sie deshalb noch einmal umgetauft und heißt nun »Internationaler Kunstmarkt« (IKM). Neun Jahre später dann bekommt sie ihren heutigen Namen: Art Cologne.

Der »Neumarkt der Künste«

Konkurrenz belebt das Geschäft, genauso wie Proteste. Der Kunstmarkt hat allzu viele Galeristen außen vor gelassen. So schnell der Erfolg, so schnell auch der Vorwurf, zum verhassten Establishment zu gehören. Diverse Gegenveranstaltungen entstehen, aus denen der 1969 erstmals inszenierte »Neumarkt der Künste« herausragt. Schillerndste Figur unter den Organisatoren: Ingo Kümmel. 1967 hat er in Braunsfeld die Galerie »Kümmels Spirit and Art Shop« eröffnet. Fortan mischt der Kunstvermittler, Hansdampf und harte Trinker nicht nur die Kölner Szene immer wieder auf. Unter anderem wird Kümmel ab 1980 auch eine der treibenden Kräfte bei der Organisation der »Kulturfabrik Stollwerck« in der ehemaligen Schokoladenfabrik in der Südstadt.

Wie der Kunstmarkt, so erregt auch der »Neumarkt der Künste« großes Aufsehen. Joseph Beuys, Jürgen Klauke und Wolf Vostell sind nur einige der jungen Künstler, die hier ausstellen. Aus ihren Reihen stammt auch jene Gruppe, die 1970 vor der Kunsthalle demonstriert und eine verfrühte Öffnung der Messe erzwingt. Die Slogans der Kunstmarkt-Gegner spiegeln das soziale Gefälle innerhalb der Szene:

»Der Händlerblase eins auf die Nase.«

»Schluss mit der Kulturzensur von ein paar Banausen nur.«

»Happening und Fluxus« im
Kölnischen Kunstverein
1970

1967

Bilderbuch Köln

Was Passanten über Vostells Aktion denken, spiegelt den Zeitgeist:

»Grober Unfug ist noch zu glimpflich ausgedrückt«, urteilt ein vorbeieilender Mann.

Und eine ältere Dame bricht in ein »Wenn das jeder machen würde …« aus, bevor sie sich erkundigt, ob hier auch ordnungsgemäß Parkgebühren entrichtet wurden.

Ruhender Verkehr und Flügelauto

Im September 1969 präsentiert das Wallraf-Richartz-Museum eine als Dauerleihgabe überreichte Sammlung des Ehepaars Irene und Peter Ludwig. Die »Kunst der sechziger Jahre« besteht vor allem aus Gemälden und Objekten der amerikanischen Pop-Art – hier bestaunt das Kölner Publikum erstmals den Grundstock des späteren Museum Ludwig. Am Neumarkt gehören zu den Anti-Kunstmarkt-Demonstranten von 1969/70 zwei Männer, die sich bald im Kölner Stadtbild verewigen werden. Und zwar mit demgleichen Objekt: einem Auto.

Parallel zum »Neumarkt der Künste« im Oktober 1969 parkt Wolf Vostell seinen schicken Opel Kapitän vor einer Galerie an der Domstraße. Der Motor läuft ebenso wie das Radio, während Mitarbeiter eine Holzverschalung anbringen und den Wagen dann peu à peu einbetonieren. Während der »Ruhende Verkehr« hier einen echten Parkplatz blockiert, wird die Wirkung später durch mehrere Standortwechsel abgeschwächt. Heutzutage, auf dem Mittelstreifen am Rudolfplatz, verliert der versteinerte Opel angesichts des ihn umtosenden Echtverkehrs sein kritisches Potenzial.

Ebenfalls dem »Fetisch Auto« widmet sich HA Schults 1989 geschaffenes Flügelauto. Zehn Meter weit spannt es seine Schwingen über einem goldlackierten Ford Fiesta. Weil es sich mit seinen Dimensionen noch sperriger gibt als Vostells Werk, muss es im Stadtraum auch anders platziert werden. 1991 landet der Goldene Vogel auf dem Turm des Stadtmuseums. Zeitlich begrenzt, so heißt es anfangs. Aber ...

Bilderbuch Köln
»Die Brücke« an der Hahnenstraße

Bilderbuch Köln

»Happening und Fluxus«

Ebenjener Wolf Vostell gehört dann auch zu den Protagonisten einer so aufsehenerregenden wie skandalträchtigen Ausstellung der Jahreswende 1970/71. Vom 6. November bis zum 6. Januar präsentieren sich im Kölnischen Kunstverein internationale Künstler unter dem Motto »Happening und Fluxus«. Eigentlich ist schon vor der Eröffnung klar, dass es Ärger geben wird. Aktionisten wie Otto Muehl und Hermann Nitsch kann man nicht einladen, ohne öffentliche Empörung zu ernten. Und auch der Leverkusener Vostell lässt sich nicht lumpen. Er gilt als der europaweit erste Happening-Künstler, eine Richtung, die eng mit der ebenfalls in den 60ern geborenen Fluxus-Bewegung verbunden ist. Im Kunstverein lagert er eine hochtragende Kuh auf einem Haufen Stroh und erwartet die Geburt. Bevor das Kälbchen jedoch das Licht der Welt erblickt, rücken Ordnungskräfte an und bringen das Muttertier zurück auf seinen Hof. Vostell und seine Kollegen protestieren und sperren im Gegenzug einen Teil der Ausstellung für Besucher ab. Und die Feuilletons diskutieren die alten, immer aktuellen Fragen: Wo fängt Kunst an? Wo hört sie auf? Wie steht es um ihre Freiheit?

Die Zeit vom 13. November 1970 fällt ein vernichtendes Urteil über die Kölner Ausstellung:

»Warum soll man sich Hände und Füße beschmutzen und sich unter einer schwarzen Plastikhülle schlafen legen? Niemand denkt daran, jetzt ans Mikro zu kommen und einen Witz zu erzählen, wie es Robert Filliou den Besuchern empfiehlt. Ein anderer steht in seiner Koje, schnippelt Mohrrüben und schichtet sie zu Häufchen, dazu der Text an der Wand, ›Shiva kommt zurück nach Brahma‹ – ein armer Irrer. Es ist kläglich und deprimierend. Wer nicht weiß, was Happening ist, was es bewirken kann, der wird es in Köln bestimmt nicht erfahren.«

1968

1968 im Schatten des Doms

Die APO fand nicht nur in Berlin und Frankfurt statt

Trauerzug für Benno Ohnesorg am 7. Juni 1967 von der Uni in die Innenstadt

1968

Besetztes Rektorat im November 1968

Teach-in zur Rektoratsbesetzung am 26. November

» Die *Neue Rheinische Zeitung* hat am zweiten Tag der Rektoratsbesetzung eine Entdeckung gemacht:
»Ungebetene Besucher rauchen dem Rektor die Zigarren weg.«

Soziologe Erwin Scheuch spricht zu den Trauernden.

Vorn rechts: AStA-Chef
Klaus Laepple, daneben
Prof. Erwin Scheuch

Lothar Gothe ist SDSler, Sponti, Hausbesetzer, Mitbegründer der Sozialistischen Selbsthilfe Köln (SSK). 1967 kandidiert er für den Kölner AStA. In seiner Wahlrede rezitiert er zu den Klängen von »Lucy in the Sky with Diamonds« auswendig aus Rilkes Duineser Elegien. Das informative Buch »1968 am Rhein« zitiert aus seiner Wahlerklärung:

»Kommilitonen, es geht darum, ›die Blume an sich‹ zu suchen und zu finden, welche sich hinter den äußerlichen Manifestationen verbirgt. WIR ALLE SIND BLUMEN. Die Frage lautet also (...): Wie schön können SIE sein? Und werden?«

Rolling Stones im Rektorat

Am 23.11.1968 dringen rund 100 Studenten in das Rektorat der Universität ein. Zugang haben sie sich mit einem schweren Vorschlaghammer verschafft, nun soll die Demokratisierung des Akademiebetriebs von hier aus vorangetrieben werden. Die dreitägige Besetzung des Rektorats wird zu einem Kölner Höhepunkt der 68er-Bewegung.

Die Erschießung von Benno Ohnesorg im Juni 67 hat die Konfrontation auch am Rhein zugespitzt. Proteste gegen die Springerpresse werden kombiniert mit einem großen, studentisch organisierten Schweigemarsch. Im April 68 folgt dann das Attentat auf Rudi Dutschke. Um die Auslieferung der *Bild* zu verhindern, wird die DuMont-Druckerei blockiert, wo auch das Flaggschiff der Springerpresse vom Band kommt. Während Studentenführer Dutschke mit dem Tod ringt, werden von der Großen Koalition in Bonn die sogenannten »Notstandsgesetze« auf den Weg gebracht. An einer Demonstration auf dem Kölner Neumarkt beteiligen sich am 28. Mai 6000 Studenten und Schüler – vielen von ihnen wird deswegen mit einem Schulverweis gedroht. Als das Gesetzespaket zwei Tage später trotz allem verabschiedet wird, werden vor dem Haupteingang der Universität Barrikaden errichtet.

Die Alma Mater steht ein weiteres Mal im Spätherbst des Jahres im Zentrum des Geschehens. Ausgerechnet eine neue Disziplinarordnung will der Uni-Senat an jenem 23. November in seiner nichtöffentlichen Sitzung beschließen. Weil man Störaktionen der Studentenschaft befürchtet, verlegt man das Treffen heimlich nach Vogelsang – in das dortige »Institut für Züchtungsforschung«. Die Wut der Studenten ist so groß wie die Gelegenheit günstig – das Rektorat wird besetzt und zum politischen Schauspielhaus. Kölnerinnen und Kölner aller Schichten zieht es zur Universität, um die jungen Wilden in diesen ansonsten so hochherrschaftlichen Zimmerfluchten hausen zu sehen. Teilnehmer berichten, dass schnell auch ein Plattenspieler zur Hand ist: Es laufen die Beatles und Stones, aber auch Iron Butterflys soeben erschienenes Album »In-A-Gadda-Da-Vida«. Am Abend des dritten Tages endet die Besetzung mit einem Teach-in, das klären soll, ob die Studentenschaft die Aktion nachträglich befürwortet. Nach vierstündiger Debatte in der völlig überfüllten Aula stehen 746 Nein- 939 Ja-Stimmen gegenüber.

Klaus Laepple, 1965–68 Kölner AStA-Vorsitzender für den CDU-nahen RCDS, stand manches Mal zwischen den Fronten:

»Als 1968 Studenten aus Protest gegen die Notstandsgesetze die Uni verbarrikadierten, war ich dabei – als studentisches Mitglied im Senat. Kultusminister Fritz Holthoff war gerade zu Besuch und wollte zu den demonstrierenden Studenten sprechen. Also bin ich in die Aula rein und habe ihn angekündigt. Sein Staatssekretär und ich hatten ihm schnell eine kleine Rede geschrieben, für die er viel Beifall bekam. Wohl zu viel – denn er redete immer weiter, ohne Konzept – bis er schließlich ausgepfiffen wurde.«

1969

»Urbanität durch Dichte«

Vom Sozialen Wohnungsbau zum Sozialen Brennpunkt

Im Laufe des Jahres 1969 wird es ernst in Neubrück. Die ersten Wohnungen der für 15 000 Menschen geplanten Mischsiedlung werden zum Kauf angeboten. Der Kölner Erzbischof Kardinal Höffner kommt zu Besuch, um die soeben fertiggestellte Ortskirche St. Adelheid zu weihen. Und der Geschäftsführer des Bauherren (die CDU-nahe DEWOG) lässt ein so überdimensioniertes wie voreiliges Namensschild installieren: Konrad-Adenauer-Siedlung.

In Wirklichkeit ist noch nicht endgültig entschieden, wie die neue, auf einem ehemaligen Militärflughafen errichtete Trabantenstadt heißen soll. Die Fraktionen im Rat streiten sich, angestachelt durch die bevorstehende Kommunalwahl. Letztendlich wird man sich für eine neutrale Bezeichnung entscheiden: Neubrück lehnt sich an den traditionsreichen Nachbarort Brück an.

1965 begonnen, ziehen hier fünf Jahre später die ersten Menschen ein. Der neue Stadtteil verdankt sich einer damals sehr heiß gehandelten Idee: Sozial-, Miet- und Eigentumswohnungen in Hochhäusern stehen neben Einfamilienbungalows, hier lebt der Malocher einträchtig neben dem Mittelständler. Im Zentrum sorgen zudem Geschäfte aller Art, die Stadtteilbibliothek und die Kirche für weitgehende Autarkie der Bewohner.

Bilderbuch Köln

Blick auf Porz-Finkenberg in der Entstehungsphase

Robert-Schumann-Straße in Neubrück

1969

Überall in Köln schießen inzwischen neue Hochhaussiedlungen aus dem Boden. Direkt nebenan in Ostheim entsteht Anfang der 70er die Siedlung Gernsheimer Straße. Genauso gut gemeint von den Stadtplanern, aber wie Neubrück wird auch ihr irgendwann den Stempel »Sozialer Brennpunkt« aufgedrückt. Und nichts anderes passiert ein paar Kilometer weiter südlich in Porz-Finkenberg. Hier zieht der Bund seit Ende der 60er Jahre ein sogenanntes »Demonstrativ-Bauvorhaben« hoch. Aber auch diese Demonstration guten Willens und demokratischer Architektur misslingt – wirklich gern wird hier nie jemand wohnen.

Wie man mit solchen Großprojekten ein ganzes Dorf aus den Angeln heben kann, zeigt das Beispiel des uralten, 1166 erstmals erwähnten Meschenich. 3 000 Häuslebewohnern werden 3 000 Hochhäusler beigeordnet – ein Experiment, dessen Probleme man hätte vorhersehen müssen.

Das gigantischste aller Bauvorhaben steigt jedoch hoch im Kölner Norden. Chorweiler ist heutzutage zu einem Synonym für »Trabantenstadt« geworden. 1972 ziehen hier die ersten Menschen ein. Rund um den riesigen Pariser Platz stehen bis zu 24-stöckige Wolkenkratzer. Sportanlagen, Grünflächen, Einkaufs- und Jugendzentren, (Bus-) Bahnhöfe und ein Autobahnanschluss verleihen der Siedlung den Charakter einer eigenen Kleinstadt. »Urbanität durch Dichte« lautet eine typische Devise der 70er-Jahre-Wohnbaupolitik. Urban ist es hier tatsächlich. Und dicht auch. Aber schön?

NEUBRÜCK

Bauzeit: 1965–1970
Fläche: 1,1 km²
Einwohner: 8 787
Bevölkerungsdichte: 8 001 Einw./km²
Stockwerke: max. 16

OSTHEIM/ GERNSHEIMER STRASSE

Bauzeit: Anfang 1970er
Einwohner: 2 800
Davon mit Migrationshintergrund: 70 %
Stockwerke: max. 14
Zum Vergleich: Zahlen für ganz Ostheim
Einwohner: 11 596
Bevölkerungsdichte: 3 096 Einw./km²

FINKENBERG

Bauzeit: Ende 1960er, Anfang 1970er
Fläche: 0,64 km²
Einwohner: 6 618
Bevölkerungsdichte: 10 376 Einw./km²
Stockwerke: max. 20

Finkenberg aus der Luft (2010)

Der Kölnberg in Meschenich

MESCHENICH/ KÖLNBERG

Bauzeit: 1971–1974

Einwohner Kölnberg: 4 100

Verschiedene Nationen: rund 60

Stockwerke: max. 26

Zum Vergleich: Zahlen für ganz Meschenich

Einwohner: 7 780

Bevölkerungsdichte: 1 649 Einw./km^2

CHORWEILER

Bauzeit: Mitte 1960er bis Anfang 1980er

Fläche: 1,9 km^2

Einwohner: 13 010

Bevölkerungsdichte: 6 779 Einw./km^2

1970

Meilensteine aus den ersten 20 Jahren

Tommy Engel erklärt die Geburt der Bläck Fööss aus dem Geist der Beatmusik:

»Unsere zweite Veröffentlichung war dann tatsächlich eine Beatnummer. Und nicht nur das, sie wurde ein echter Hit: ›Drink doch eine mit‹. Ich habe es immer so gesehen, dass die Fööss eine Beatband waren. Unter ›Drink doch eine mit‹ liegt ein richtiger Vier-Viertel-Takt, ein echter Beatrhythmus. Eigentlich klingt dieses Lied wie eine Ballade der Beatles, man muss sich dazu nur mal ›Hey Jude‹ anhören. ›En unserem Veedel‹ geht musikalisch in dieselbe Richtung. Und ›Die Mama kritt schon widder e Kind‹ ist zwar eher Bubblegum-Musik, aber durchaus auch Beatles-orientiert. Man denke nur an ›Obladi Oblada‹.

»Hey Jude« op Kölsch

Die erste Single der Bläck Fööss erscheint

Viele andere Bands werden folgen: Die Höhner, Räuber, Paveier, Brings, Kasalla und Cat Ballou, um nur die berühmtesten zu nennen. Aber ganz am Anfang stehen die Bläck Fööss. Allesamt haben die Mitglieder bereits vorher in verschiedenen Bands gespielt. Aber 1970 stürmen sie plötzlich als Black Fööss auf die Bühne, ein Name, der aus einer Verlegenheit heraus entstanden ist. Um sich den guten Ruf als englische Coverband namens »Stowaways« nicht zu verderben, hat man nach einem Namen für die Auftritte mit »kölschen Bierliedern« gesucht, wie Taufpate Graham Bonney es seinerzeit formulierte. Weil Frontmann Tommy Engel bereits bei den Black Birds und Black Beats mitgewirkt hat, entwickelt man einen kölsch-englischen Kompromiss: Bläck Fööss eben, die »Schwarzen«, »Nackten« Füße. Tatsächlich treten die Jungs anfangs stets ohne Schuhe und Strümpfe auf.

Tommy Engel (bis 1994), Erry Stoklosa, Hartmut Priess, Peter Schütten, Bömmel Lückerath und Willy Schnitzler (ab 1980) werden fortan kölsche Geschichte schreiben. Die Fööss, wie man sie kurz nennt, vereinen musikalische Virtuosität mit so eingängigen wie zuweilen verzwickten Arrangements. Ihre Texte haben Charme und Witz, außerdem spiegeln sie detailgenau die jeweils besungenen Milieus – sei es das der Malocher, der kinderreichen Familien oder der verarmten Alten. Zahllose Lieder werden in den nächsten Jahrzehnten zu kölschen Evergreens, die aus dem Alltag, aus dem Fußballstadion oder dem Karneval nicht mehr wegzudenken sind. Mit dem »Rievkoochewalzer«, der ersten Single von 1970, fängt alles an. Und danach folgen Hits wie »Mer losse d'r Dom en Kölle«, »En unserem Veedel«, »Dat Wasser vun Kölle« oder auch aus neuerer Zeit »Unsere Stammbaum«.

Dabei ist, wie aller Anfang, auch der der Fööss nicht immer leicht. Die frühen Jahre der Gruppe sind geprägt durch die Beat- und Hippieära, und dort verorten sich Engel & Co. auch musikalisch wie äußerlich. Die Band trägt ihre schrägen Klamotten und langen Haare in die kölschen Festsäle, wo sie nicht immer auf freundliche Augen und offene Ohren stößt. So mancher Song erregt zum Teil heftige Kritik, man denke nur an die Bundeswehr-Satire »Am Arsch der Welt« von 1982 oder das fünf Jahre später veröffentlichte »Kackleed«. Aber letztendlich muss ihnen auch der vergnatzteste Fastelovends-Purist verzeihen: Die Fööss sind einfach zu gut!

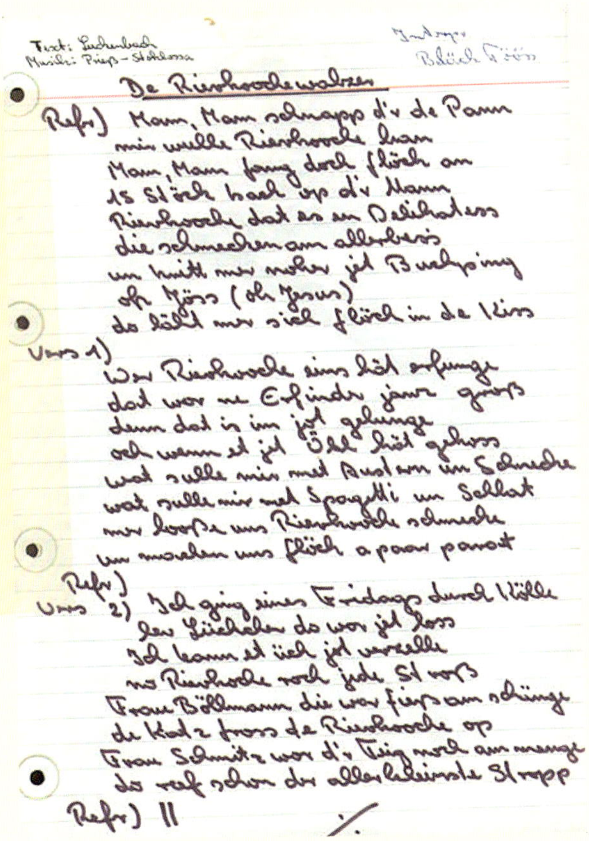

Reinschrift für die erste Bläck-Fööss-Single: der »Rievkoochewalzer«

1970

Bömmel Lückerath erinnert sich an frühe umstrittene Auftritte der Fööss:
»Wir haben bewiesen, dass der Karneval keine verknöcherte Sache, sondern erneuerbar ist. Dass er mit der Zeit gehen und sich wandeln muss. Jecke wie mir, junge Fetze von 20 Jahren, kamen da mit langen Haaren und nackten Füßen an. Es gab Proteste, aber letztlich haben wir uns durchgesetzt.«

Roncalliplatz 2010: Die Fööss feiern ihren Vierzigsten.

Kölsche Stimmungsbands und ihr Geburtsjahr

Höhner 1972
Paveier 1983
Die Filue 1987
Paraplüs 1990
De Räuber 1991
Brings 1991
De Boore 1998
Cat Ballou 1999
Rabaue 2001
Die Rheinländer 2002
Funky Marys 2003
Klüngelköpp 2003
Hanak 2008
Kasalla 2011

1970

Vierscheibenhaus, Wolkenkratzer und die Messehallen

Auf dem Weg zur Medienstadt

DW (links) und DLF (rechts) 1977

Die Deutsche Welle 1981: damals noch bevölkert, später verwaist und asbestverseucht

Rundfunk im Zentrum und in Raderthal

Mit der Einweihung des Vierscheibenhauses im Sommer 1970 wird ein Ausrufezeichen gesetzt: Köln ist eine Medienstadt, hier sitzt mit dem WDR die größte Rundfunkanstalt der Republik, und hier wird sie bleiben. Im Grunde residiert der Sender bereits seit 1926 im Schatten des Doms, die damals gegründete WERAG (Westdeutsche Rundfunk AG Köln) ist ein direkter Vorläufer. Nach dem Krieg entstanden u.a. das Funkhaus am Wallrafplatz (1952) und das Archivhaus an der Nord-Süd-Fahrt (1968). Das Vierscheibenhaus wird künftig die Verwaltung des Großsenders aufnehmen und nebenbei ein architektonisches Highlight bilden: Vier parallele, aber versetzt errichtete »Scheiben« unterschiedlicher Höhe ergeben ein sachliches, von hellem Beton und Glas dominiertes Ensemble.

Köln strahlt aus und zieht an, weitere Sender und repräsentative Bauwerke folgen. Die nächsten großen Schritte werden noch im Laufe der 70er-Jahre gemacht. Auf einer Brache in Raderthal, direkt am Gürtel, wachsen zwei gewaltige Hochhäuser in den Himmel. Als Erstes wird 1975 der 102 Meter hohe Bau des Deutschlandfunks (DLF) fertig. Während man hier die Einweihung feiert, entsteht nebenan ein noch größerer Wolkenkratzer. Das Richtfest für die 138 Meter hohe Zentrale der Deutschen Welle (DW) wird schließlich am 24. Mai 1977 begangen. Die beiden Staatssender teilen sich die Berichterstattung: Während die DW für das Bild Deutschlands in der Welt zuständig ist, soll der DLF im Inland wirken. Inzwischen jedoch hat der Standort viel von seiner Strahlkraft verloren. Der DLF ist im Deutschlandradio aufgegangen und die DW 2003 fortgezogen. Ihr mit Asbest verseuchtes Hochhaus soll abgerissen werden.

Ein Käfer vorm Vierscheibenhaus – das Kennzeichen OP für Opladen existiert nicht mehr.

Stephan Detjen, ab 2008 Chefredakteur des Deutschlandfunks, resümiert im Januar 2012:

»Sicherlich hat der Standort Raderthal seinen ursprünglichen Charakter durch die unmittelbare Nachbarschaft zur Bundeshauptstadt verloren. Früher hatten wir direkt nebenan auch die Deutsche Welle, Bonn war über den Verteiler Süd in 20 Minuten erreichbar, und in Marienburg gab es Botschaften. Manche Kollegen fuhren nach dem Dienstschluss mit dem Auto schnell nach Bonn und trafen sich mit Politikern in der Kneipe. Das gibt es natürlich so nicht mehr.«

Bilderbuch Köln

Die Scheiben aus der Luft betrachtet

Bilderbuch Köln

1970

Die Messehallen 2009 (rechts) und das alte RTL-Gebäude an der Aachener 2008 (unten)

Tutti Frutti & Co.

Auch als Mitte der 80er das Privatfernsehen aus der Taufe gehoben wird, geht Köln vorneweg. Mit Beginn des Jahres 1988 wechselt der neben SAT.1 wichtigste Sender RTL an den Rhein. Von der Aachener Straße aus wird nun ein Unterhaltungsprogramm gesteuert, das den etablierten Sendern die Schuhe auszieht. Legendär etwa die Tortenschlachten von Hugo Egon Balder und Hella von Sinnen in »Alles Nichts Oder?!« und die von konfusen Regeln und sternchenbeklebten Brüsten dominierte Show »Tutti Frutti«. Während »Der heiße Stuhl« die klassische Talkshow revolutionieren soll, arbeitet die Nachrichtensendung »RTL aktuell« daran, dem ARD-Flaggschiff »Tagesschau« Konkurrenz zu machen.

Vor allem in Hürth entstehen viele Filmstudios. Und die Stadt mit dem »BM« im Nummernschild ist es dann auch, die RTL den Kölnern abspenstig machen will. OB Fritz Schramma kämpft um den Sender. Aber sein Angebot, einen Teil der alten Messehallen am Rhein zu beziehen, ist in der Bevölkerung sehr umstritten. Nach langem Hickhack wird es jedoch in die Tat umgesetzt, die entsprechenden Übernahmeverträge sind bis heute unter Verschluss. Zusammen mit den Luxemburgern geht dann 2010 auch der längst ins Boot geholte Sender VOX mit nach Deutz. Wo heute vor allem amerikanische Serien und zweitverwertete Unterhaltungsmagazine abgespielt werden, war man einst sehr ambitioniert gestartet. Erinnert sich noch jemand? VOX 1993, das war der Plan, zugleich zu unterhalten und zu informieren. INFOTAINMENT eben.

In 26 Metern Höhe thronte sie weithin sichtbar über dem RTL-Komplex an der Aachener Straße. Im Januar 2013 jedoch kommt der Spezialbagger und zerquetscht sie mit seinen Metallgreifern »wie einen Kartoffelchip« (*Express*).

Bilderbuch Köln

Messe und Turm 1946

1971

Ein splitternackter Münzer in Köln

Skandal am Offenbachplatz

Hansgünther Heyme, Martin Luther und Thomas Münzer

Die frühen 70er sind reich an inszenierten Skandalen. In der bildenden Kunst provozieren die Fluxus-Macher das Establishment, in der Literatur bläst der in Köln lebende Rolf-Dieter Brinkmann zur Pop-Revolution. Faßbinder, Herzog & Co. schaffen auf der Leinwand den Neuen Deutschen Film, und auch im Theater wird kein Stein auf dem anderen gelassen. Im Schauspielhaus am Offenbachplatz fungiert Hansgünther Heyme seit 1968 als Oberspielleiter, bald auch als Schauspieldirektor. Heyme ist begehrt, obwohl – beziehungsweise: gerade weil – seine Inszenierungen stets Kontroversen auslösen. Am 28. November 1971 kommt es zum Eklat.

Heyme hat das Stück »Martin Luther und Thomas Münzer oder Die Einführung der Buchhaltung« auf die Bühne gebracht. Der Düsseldorfer Autor Dieter Forte stellt den großen Reformator Luther als willfährigen Büttel der Kapitalisten dar, während sein Gegenspieler Münzer den Mann des Volkes gibt. Das Stück wird später zum Welterfolg: Neun Übersetzungen und 40 Inszenierungen in zehn Ländern sprechen für sich. In Köln jedoch wittert man Blasphemie. Heyme macht Münzer in seiner Aufführung zum Märtyrer, indem er ihn kreuzigen lässt – der Darsteller ist dabei zudem splitternackt. Buhrufe und Pfiffe ist Heyme gewohnt: In der Schweiz ist er 1965 wegen einer Tell-Aufführung verhaftet worden, in München hat man sich noch im April 1971 auf den Rängen geprügelt. Nicht viel anders läuft es in Köln mit dem hüllenlosen Bauernführer. Mitten in das Stück hinein hagelt es Zwischenrufe wie »Aufhören!«, »Heyme raus!« und »Scheißstall«. Reihenweise verlassen die Zuschauer den Saal, es knallen Türen. Der CDU-Kulturpolitiker Heinrich Lohmer erklärt das Stück für infam und unterstellt dem Regisseur, genau die Gesellschaft umstürzen zu wollen, die ihn bezahlt. Zwar wird Hansgünther Heyme trotz aller Anfechtungen bis 1979 in Köln bleiben, aber in diesen hitzigen Novembertagen muss er eine Niederlage einstecken: Ab der zweiten Aufführung ist Thomas Münzers Geschlecht bedeckt.

» **Claus Helmut Drese, Generalintendant der Kölner Bühnen, begründet die Korrektur der Heyme-Inszenierung:**

»Nicht weil wir die Nacktheit als anstößig empfinden. Der nackte Münzer steht doch nur für die nackte und bloße, leidende Kreatur. Aber wir müssen uns auf ein unvorbereitetes Publikum einstellen, deshalb bekommt Münzer jetzt ein Lendentuch.«

1971

Die Oper im Eröffnungsjahr

Neue Oper, neues Schauspiel
1957 1962

Während der Weimarer Republik kommt zwar nichts und niemand an Berlin vorbei, aber auch das Kölner Schauspiel hat seine Stars. Unter anderen ist hier Heinrich George engagiert. Und auch einen Skandal à la Heyme kennt man aus jener Zeit: Bertolt Brechts »Dreigroschenoper« ist dem katholischen Zentrum zu aufmüpfig und frivol, die in Köln traditionell starke Partei will die Aufführung verhindern. OB Konrad Adenauer jedoch zeigt keinerlei Berührungsängste. Zwei Jahre zuvor hat er gemeinsam mit der KPD den Bau der Mülheimer Hängebrücke durchgedrückt. Nun vermittelt er zwischen konservativem Bürgertum und progressivem Theater: Brechts Stück wird aufgeführt – allerdings leicht entschärft.

Als Hansgünther Heyme hier das Ruder übernimmt, besteigt er ein fast neues Theaterschiff. Das vom Kölner Architekten Wilhelm Riphahn entworfene Schauspielhaus am Offenbachplatz ist erst 1962 eingeweiht worden. Fortan finden hier 922 Zuschauer Platz.

Schon seit 1957 wird die ebenfalls auf Riphahn zurückgehende Oper bespielt. So modern und elegant dieses Haus auch daherkommt, haftet ihm doch ein historischer Makel an: Es hätte nie gebaut werden müssen. Denn der prächtige Vorgängerbau, errichtet 1902 in einem gelungenen Mix aus Barock und Jugendstil, war im Krieg nur leicht beschädigt worden. Mit seinem hirnlosen Abriss 1958 verlor Köln einen der wenigen unversehrten Großbauten der Innenstadt und darüber hinaus ein echtes architektonisches Schmuckstück.

Das alte Opernhaus am Rudolfplatz (1928)

Das alte Schauspielhaus an der Glockengasse (1890, rechts) und die Sappho-Bronze am Offenbachplatz (ganz rechts), die dort mit der Eröffnung des neuen Schauspielhauses 1960 aufgestellt wurde

1972

Operation am offenen Stadtkörper

Die Nord-Süd-Fahrt wird fertig

Erste Überlegungen für eine durchgehende Nord-Süd-Verbindung in der Kölner Innenstadt waren bereits in den 1920er-Jahren angestellt worden. Die Nazis forcierten die Idee, bastelten aber bis zu ihrem Ende lediglich an einer überdimensionierten Ost-West-Schneise. Richtig zur Sache geht es dann ab Mitte der 50er-Jahre, und zwar ohne Kompromisse. Kritiker geben zu bedenken, dass solch ein stadtplanerischer Großeingriff unangenehme Folgen haben könnte. Aber Deutschland berauscht sich am Wirtschaftswunder, die autofreundliche Stadt scheint das Gebot der Stunde. Und so wächst sie dann heran, die Nord-Süd-Fahrt. Ende August 1962 feiert man die Eröffnung des ersten, 1,6 Kilometer langen Teilstücks bis zur Maximinenstraße, Höhe Hauptbahnhof. Zehn Jahre später sind dann auch die letzten 800 Meter bis zum Ebertplatz befahrbar.

Es ist eine Operation am offenen Stadtkörper. Der historische Straßenzusammenhang ist vielerorts zerstört. Zum meistbetrauerten Opfer entwickelt sich die alte Straße Unter Krahnenbäumen. Hier hatten traditionell Arbeiterfamilien gewohnt, einfache Leute, die mit ihrer Bodenständigkeit, ihrem Dialekt und ihren Festen eine urbane Gesellschaft entscheidend prägen. Ende der 50er-Jahre war hier der Fotograf Chargesheimer umhergestreift und hatte dieses Leben in ausdrucksstarken Bildern festgehalten. Nun jedoch, nach der brutalen Zerschneidung der Straße durch die neue Schnellverbindung, ist nichts davon mehr übrig.

Bei aller Trauer ist jedoch eines nicht zu leugnen: Auf keine andere Art durchquert man die Stadt so schnell und fließend wie auf der Nord-Süd-Fahrt. Und deshalb gilt weiterhin, was schon Legionen von Stadtplanern und visionären Bürgern forderten: Das Ding muss endlich getunnelt werden.

Nord-Süd-Fahrt-Blick vom Telekom-Hochhaus an der Sternengasse (1960)

1972

Die Nord-Süd-Fahrt 1960

Zerschnitten: Unter Krahnenbäumen (2008)

Aus dem BAP-Song »Unger Krahnebäume«:

»Hä stund ›Unger Krahnebäume‹ un hät die Strooß eraffjeluhrt un fing widder ahn zo dräume, wat dann jedesmohl jet duhrt. All die Chargesheimer Fotos woote eimohl mieh zom Film, lapidar, doch nie belanglos, lautlos, doch nie wirklich still.«

Bilderbuch Köln

Bilderbuch Köln

Tunnelblick auf die Antoniterkirche

Der »Masterplan Köln« (2009) präferiert statt einer Tieferlegung eine engere Einbindung in den Stadtraum:
»Zur Verbesserung der Bewegungsspielräume und der Aufenthaltsqualität für Fußgänger sollen die Gehwege verbreitert und die Fahrstreifen auf das notwendige Maß reduziert werden. Der Knotenpunkt Nord-Süd-Fahrt/Glockengasse/Brückenstraße soll zu einem Vollknoten ausgebaut werden, wodurch die Querbarkeit im Verlauf der Straße, insbesondere im Zuge der Breite Straße, deutlich verbessert wird.«

1972

Heinrich Böll in Stockholm

Böll und der Dom:
»Der Dom würde nicht in mein Wappen passen; dass er so offensichtlich von Bomben verschont wurde, während man die herrlichen romanischen Kirchen keiner Schonung für würdig fand, gehört zu den sentimentalen Irrtümern über das Kölnische; der Dom ist viel weniger kölnisch als andere Kirchen; (...) Sankt Gereon würde sich gut ausmachen: ein kleines Ohr, einen winzigen Mund, Sankt Gereon ins imaginäre Wappen; dazu einen halben Bischofsstab, und als letztes der kirchlichen und religiösen Embleme ein Madonnenbild.«

Böll und der Rhein:
»Es ist schwer zu definieren, was Sympathie erweckt: Jedenfalls vieles in Köln erweckt sie, und ich weiß nicht, ob der Geruch des Rheins nicht so bedeutsam ist wie der Dom.«

Böll und Kölns Straßen:
»Ich liebte die Straßenschule. Die Straßen zwischen Waidmarkt und Dom, die Nebenstraßen des Neu- und Heumarktes, alles, was rechts und links in Richtung Dom von der Hohe Straße abging, ich trieb mich gern in der Stadt herum, nahm manchmal nicht einmal als Alibi den Ranzen mit, ließ ihn zu Hause zwischen Überschuhen und langen Kleidungsstücken in der Garderobe. (...) Vielleicht lernen wir nicht in der Schule, aber auf dem Schulweg fürs Leben?«

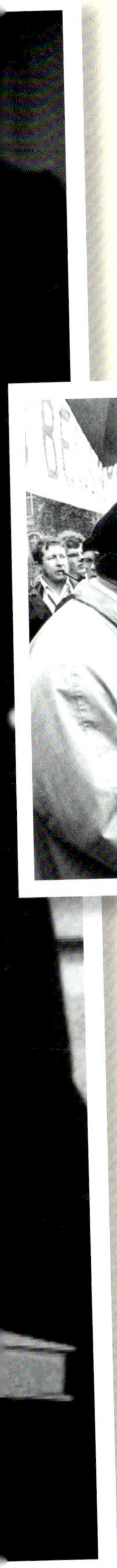

Ein halber Bischofsstab und ein Madonnenbild

Heinrich Böll bekommt den Literaturnobelpreis

Heinrich Böll am 11. Mai 1968 auf der Kundgebung gegen die Notstandsgesetze im Bonner Hofgarten

Der Friedhof in Bornheim-Merten und Bölls dortiges Grab

Im Vorjahr ist »Gruppenbild mit Dame« erschienen, ein typisches Böll-Buch, eines seiner besten: Die Protagonistin ist eine Frau Ende 40, es geht um die Vergangenheit, um Verstrickung und Schuld. Heinrich Böll ist 1972 längst einer der führenden deutschen Nachkriegsautoren. Er war Mitglied der einflussreichen Gruppe 47 und engagiert sich neben seinen zahlreichen Veröffentlichungen auch als Mahner im politischen Tagesgeschäft. Zudem fungiert er seit 1971 als Vorsitzender des PEN International, mit anderen Worten: Der Kölner Böll ist eine moralisch-künstlerische Institution, sein Einfluss wird in den Folgejahren – nicht zuletzt zu Zeiten der Friedensbewegung – noch wachsen.

In Stockholm sieht man das ähnlich. 27 Jahre nach Ende des Krieges wird mit Heinrich Böll eine deutsche Stimme geehrt, die sich laut und kritisch mit der Nazi-Vergangenheit auseinandersetzt. Als er jedoch am 20. Dezember 1972 in Schweden den Nobelpreis für Literatur entgegennimmt, steht er in der Heimat in der Schusslinie. In der Diskussion um die Taten der linksterroristischen RAF nimmt er eine reflektierende Position ein, die ihn in den Augen rechter Scharfmacher zum »Sympathisanten« stempelt. Immer vorneweg: die Springerpresse mit ihrem Flaggschiff namens *Bild*. Heinrich Böll wehrt sich auf seine Art und veröffentlicht zwei Jahre später einen brillanten Kurzroman über die Macht der Presse und die Ohnmacht des Einzelnen: »Die verlorene Ehre der Katharina Blum«.

1973

Fortuna heißt Glück

Tragische Momente des Südstadt-Vereins

Wenn heute irgendwo in Deutschland über Fortuna Köln gefachsimpelt wird, kommen vor allem drei Ereignisse zur Sprache. Und jeweils endete die Fortuna – ganz entgegen ihrem glückverheißenden Namen – als Verlierer.

Das Jahr in der 1. Liga 1973/74

Unter der Regie des legendären Präsidenten Hans »Schäng« Löring steigt das Team aus der Südstadt 1973 in die 1. Liga auf. Die Freude ist groß und ebenso der rheinische Optimismus. Namen wie Wolfgang Fahrian, Karl-Heinz Struth, Hans Günter Neues, Kalli Mödrath oder auch Noel Campbell stehen für die Qualität des Kaders. Aber wie zu erwarten, wird es ein schweres Jahr für die Fortuna, nicht nur wegen der beiden Niederlagen gegen den FC (0:2 und 0:5). Als die Saison auf ihre Zielgerade geht, kämpfen die Kölner mit dem Wuppertaler SV um das rettende Ufer. Am vorletzten Spieltag fegt die Fortuna die mit Stars wie Kargus, Kaltz und Volkert bestückte HSV-Elf aus dem Südstadion und liegt damit einen Punkt vorn. Das Finale in Offenbach bei den Kickers verliert die Elf danach sang- und klanglos mit 0:4. Aber eine Fehlinformation geht um: Auch Wuppertal hat versagt, wir sind gerettet! Minutenlang tost der Jubel durch die Fortuna-Kabine, bevor die bittere Wahrheit auf den Tisch kommt: Wuppertal hat in der 81. Minute noch den Ausgleich erzielt, Fortuna steigt wegen des schlechteren Torverhältnisses ab.

Uli Hoeneß (FC Bayern München) umdribbelt Fortuna-Keeper Wolfgang Fahrian.

1973

LEGENDÄRE LÖRING-SPRÜCHE

»Wer das Wort Abstieg in den Mund nimmt, wird von mir eigenhändig kastriert.«

»Es war falsch, dass ich den Spielern versprochen hatte, wir würden in der Bundesliga mit den Leuten weitermachen, die den Aufstieg geschafft hatten. Noch falscher war, dass ich mich an dieses Versprechen gehalten habe.«

Das Pokalfinale 1983

So etwas hat Fußball-Deutschland noch nie erlebt: Im Pokalfinale am 11. Juni 1983 stehen sich zwei Mannschaften gegenüber, die nicht nur aus derselben Region, sondern gar aus derselben Stadt stammen. Fortuna Köln trifft auf den 1. FC, der Tabellensechste der 2. Liga auf den dreifachen Deutschen Meister. Wo die Unterschiede so groß erscheinen, sind auch die Klischees nicht weit: hier die Straßenkicker aus dem Arbeitervorort Zollstock, dort der Nobelclub aus dem schnöseligen Müngersdorf; David gegen Goliath, No-names gegen Markenartikel wie Littbarski, Fischer und Allofs.

Dass der Graben in Köln nicht ganz so tief ist wie der in Hamburg zwischen dem HSV und St. Pauli: geschenkt. Die Stadt bebt, die Stadt ist gespalten. Und weil das Cupfinale noch nicht fest in Berlin ausgetragen wird, treten die Teams sogar direkt in Köln gegeneinander an, vor 61 000 Fans. In einem an Höhepunkten recht armen Spiel ist Fortuna die bessere Mannschaft und erarbeitete sich auch einige respektable Torsituationen. Aber im Gegensatz zu den Vorrunden, wo man die Borussen aus Mönchengladbach (2:1) und Dortmund (5:0) ausgeschaltet hat, gelingt den Südstädtern gegen die Geißböcke kein Treffer. Stattdessen nutzt Pierre Littbarski die einzige nennenswerte Chance in der 61. Minute zum 1:0-Siegtreffer. Auf den ausbleibenden Jubel nach dem Schlusspfiff reagiert FC-Verteidiger Harald Konopka auf seine Art: »Jetzt klatscht doch, ihr Arschlöcher«, ruft er den Zuschauern zu.

Bilderbuch Köln

Trainer Volker Kottmann auf den Armen seiner Spieler (1973). Links ist Rolf Kucharski zu sehen, rechts Noel Campbell und Gerd Zimmermann.

Südstadion, Eingang Am Vorgebirgstor (2012)

Die Relegation 1986

Um das Torverhältnis geht es auch in Fortuna Kölns drittem Trauerspiel, der Relegation des Jahres 1986. Als Dritter der 2. Bundesliga tritt man gegen den Drittletzten aus dem Oberhaus an. Und das ist in jenem Jahr Borussia Dortmund. Die Fortunen gehen selbstbewusst in die Partie und gewinnen das Hinspiel überzeugend mit 2:0. Auch im Westfalenstadion scheinen alle Zeichen auf Aufstieg zu stehen. An einem brüllend heißen Pfingstmontag gehen die Kölner in der 14. Minute durch ein Tor von Bernd Grabosch mit 1:0 in Führung. Der Vorsprung hält bis in die Pause und scheint nun uneinholbar. Kurz nach dem Wechsel jedoch zeigt der Schiedsrichter ohne nachvollziehbaren Grund auf den Elfmeterpunkt. Dortmund gleicht aus und geht wenig später sogar 2:1 in Führung. Nun beginnt ein Sturmlauf auf das Kölner Tor, unterstützt von einem total ausverkauften Westfalenstadion. Jacek Jarecki im Tor der Fortunen hält an diesem Tag wie der Teufel. Wenige Sekunden vor Schluss jedoch nimmt Jürgen Wegmann einen Abpraller auf und stochert ihn über die Linie.

Nach heutigen Regeln wäre Fortuna Köln trotz dieses späten Treffers aufgestiegen. Schließlich zählen bei gleicher Tordifferenz Auswärtstreffer doppelt. 1986 jedoch ist man noch nicht so weit. Stattdessen wird ein Entscheidungsspiel angesetzt, zu dem auch der Autor dieser Zeilen ins Düsseldorfer Rheinstadion pilgert. Machen wir's kurz: Die Verletztenliste der Fortunen ist so lang, dass Trainer Hannes Linßen sich selbst und Präsident Löring hätte aufstellen müssen. Das Spiel endet 0:8, Fortuna bleibt in der 2. Liga.

»Ich habe früher mehr Geld in der Tasche gehabt als andere auf dem Konto.«

»Ich als Verein musste ja reagieren.« (nachdem er Trainer Toni Schumacher in einer Halbzeitpause gefeuert hatte)

1974

RGM und Blumenbeet (2002)

Das RGM am Roncalliplatz (2007)

CHAMPAGNER AUF STRÜMPFEN

Zur Eröffnung des RGM 1974 wünscht sich OB John van Nes Ziegler: »Es soll ein offenes Haus für die gesamte Bevölkerung sein.« Direktor Hugo Borger erklärt: »Ich biete den Menschen die Vergangenheit in der Umwelt, die ihre eigene ist. Dadurch baue ich Brücken.« Und sein Nachfolger Hansgerd Hellenkemper, 1974 noch einfacher Mitarbeiter, verrät später: »In der Nacht vor der Eröffnung sind wir mit Strümpfen auf das Dionysos-Mosaik gegangen und haben dort Champagner getrunken.«

Antiker Untergrund

Von der CCAA ins 3. Jahrtausend

Das Römisch-Germanische Museum wird eröffnet

Andere Orte richten sich eine römische Ecke im Stadtmuseum ein, um auf ihre antike Abkunft zu verweisen. Aber für Köln reicht das nicht. Denn die CCAA ist nicht irgendeine, sondern *die* deutsche Römerstadt: die älteste, die größte, die bedeutendste. Schließlich war Köln die Hauptstadt Niedergermaniens, die rheinische Grenzbastion wider die Wilden auf der anderen Seite des Flusses!

Um diesem hehren Erbe Rechnung zu tragen, wird am 4. März 1974 das neue Römisch-Germanische Museum (RGM) am Roncalliplatz eingeweiht. Ganz der Historie verpflichtet, steht es auf den Restmauern einer römischen Stadtvilla, die bereits 1941 entdeckt worden war. Weite, sich über die ganze Etage erstreckende Hallen statt einzelner Schauräume bestimmen das gelungene Ausstellungskonzept. Berühmteste Exponate: das 70 Quadratmeter große Dionysos-Mosaik mit seinen rund anderthalb Millionen bunten Steinen und das stattliche Grabmal des Poblicius, das man ab Mitte der 1960er am Chlodwigplatz ergraben hatte. Außerdem ist man stolz auf die weltweit umfangreichste Kollektion römischer Glasprodukte.

Für die Einrichtung des Museums konnte auf die verdienstvolle Altertümersammlung von Ferdinand Franz Wallraf (1748–1824) zurückgegriffen werden. Schon das 1861 eröffnete Wallraf-Richartz-Museum hatte über eine separate Römerabteilung mit eigener Leitung verfügt. Seit 1923 besitzt der Leiter dieser Abteilung zugleich die Hoheitsgewalt über alle archäologischen Grabungen im Stadtgebiet. Und der Kölner Untergrund – davon kann so mancher Bauherr ein Lied singen – erweist sich in Sachen Antike als schier unerschöpflich.

Die römische Hafenstraße wird freigelegt (1968)

1974

Trümmerfund Prätorium

Zu Anfang des 17. Jahrhunderts hatte der Kölner Rat sich ein repräsentatives Renaissancegebäude direkt neben das Rathaus setzen lassen. Weil sich hier einst die »Spanische Liga«, also die katholische Allianz des Dreißigjährigen Krieges traf, taufte man das Haus später auf den Namen Spanischer Bau. Wie die gesamte Innenstadt, so wurde jedoch auch dieser während des Zweiten Weltkriegs in Schutt und Asche gelegt. In wenigstens einer Hinsicht ist dies ein Glück. Denn was man da 1953 mit der Beseitigung der Trümmer freilegt, ist nichts weniger als der Palast der römischen Herrscher. Bis zum 4. Jahrhundert war der Prunkbau auf eine Länge von 90 Metern gewachsen. Mit seinen Großskulpturen, Mosaiken und Fußbodenheizungen, mit den luftigen Arkaden und dem zentralen, hoch aufragenden Oktogon kann man es sich hochherrschaftlicher kaum vorstellen. Um zugleich die Wiedererrichtung des Spanischen Baus und die Bewahrung des Prätoriums zu realisieren, gehen Archäologen und Architekten einen Kompromiss ein. Das Neue Rathaus, wie man den Spanischen Bau auch nennt, verzichtet auf Kellerräume. Und bekommt stattdessen ein hochkarätiges Palast-Museum. Dank der liebevoll gebastelten Modelle im Foyer erschließen sich auch dem heutigen Besucher die einstigen Ausmaße.

Antike Mauerreste unter dem Spanischen Bau (2008)

DER GEGEN-KAISER

Einer der berühmtesten Bewohner des Prätoriums war Marcus Cassianius Latinius Postumus. Ab 260 regierte er von Köln aus als römischer Kaiser. Der so trunk- wie prunksüchtige Dickwanst ließ sein Konterfei zigtausendfach auf Geldstücke prägen. Mit dem schnöden Mammon hing es auch zusammen, dass er 269 starb. Von Mainz aus hatte Laelianus den Aufstand geprobt und sich zum Gegen-Kaiser ausrufen lassen. Nach der Einnahme der Stadt soll Postumus seinen Truppen die üblichen Plünderungen verweigert haben, woraufhin er von seinen eigenen Soldaten ermordet wurde. Heute erinnert an Postumus eine Rathausfigur (Erdgeschoss, Nordseite).

Die Ausschachtungsarbeiten zum Wiederaufbau des Spanischen Baus begannen 1953.

1974

Die Mikwe von innen (oben), unter ihrer alten Glaspyramide (links, 1998) und im Kontext der Grabungen zur Archäologischen Zone (ganz links, 2009)

Grabungsfund Mikwe

Drei Jahre nach dem Prätorium ist die jüdische Mikwe an der Reihe. Bei Grabungen des RGM unter der Leitung von Otto Doppelfeld wird 1956 ein Schacht auf dem Rathausvorplatz vom Schutt und Abfall der Jahrhunderte befreit. 17 Meter reicht er hinunter und endet erst am Grundwasserspiegel. Wörtlich übersetzt bedeutet Mikwe »lebendiges Wasser«, und ebensolches benötigte die jüdische Gemeinde Kölns für ihre rituellen Reinigungen. Das Ghetto nahe der Stadtmauer und dem Rhein war auf den Überresten der alten Römerherrlichkeit entstanden. Immer wieder wurden die Bewohner Opfer antisemitischer Übergriffe – bis hin zu Pogromen wie dem in der Bartholomäusnacht 1349, als das Kölner Judenviertel dem Erdboden gleichgemacht wurde. Einer der damals vom Raderberger Judenbüchel, dem jüdischen Friedhof, geraubten Grabsteine wird im Schutt vor dem zerbombten Rathaus wiedergefunden. 600 Jahre hat das Grabmal der »Frau Rachel« im Untergrund verbracht, heute kann es im Stadtmuseum besichtigt werden.

U-Bahn-Fund Stadtmauer

Kölns erstes Theater, eröffnet gegen Ende des 18. Jahrhunderts, lag an der Schmierstraße, so getauft wegen der dort ansässigen Fetthändler. Klingt natürlich nicht besonders anziehend, dieser Name. Deshalb heißt diese Schneise seit 1813 Komödienstraße. Wie das Theater, so ruhten bereits seit dem Mittelalter die Häuser der Schmier-Komödien-Straße auf einem ausgesprochen soliden Fundament. Worum es sich dabei handelt, wird Mitte der 1960er entdeckt. Der U-Bahn-Bau fördert an der Ecke zur Tunisstraße die Reste eines massiven Turms zutage. Wie bei den sich anschließenden Mauerresten handelt es sich beim Lysolphturm um ein Relikt der antiken Stadtbefestigung. Bis zur Stadterweiterung im 12. Jahrhundert, das die Mauer gen heutige Ringe verschob, hatten die alten Hochbauten noch als Wachtürme gedient. Während der weiter westlich liegende Römerturm dann zur Latrine degradiert wurde, verfiel der Lysolphturm zusehends und galt schon 1581 als »baufällig«. Was wir heute noch von ihm sehen, ist sein restaurierter Stumpf.

Bilderbuch Köln

Der Lysolphturm, Teil der antiken Stadtbefestigung (1965)

1974

Der Sportpark Müngersdorf wurde nach dem Ersten Weltkrieg auf Initiative des damaligen Oberbürgermeisters Konrad Adenauer gebaut. Um die Hauptkampfbahn herum entstanden das Schwimmstadion, ein Reitstadion, eine Radrennbahn, Tennis- und Hockeyplätze sowie zwei kleinere Arenen, die Ost- und Westkampfbahn. Das Foto stammt aus dem Jahr 1960.

Bilderbuch Köln

Eine Frage des Geldes

Stadionbau, Herstatt-Pleite und Eingemeindungen

Zu spät

1974 richtet Deutschland die Fußball-WM aus, und so ein Weltmeisterschaftsspiel hätte sicherlich so manche Mark in Kölner Kassen gespült. Da kommen Fans aus den beteiligten Ländern, die müssen irgendwo übernachten, die haben Hunger und vor allem Durst. Die Domstadt hat durchaus gespielt mit dem Gedanken, die ein oder andere Begegnung auszurichten. Fünf Spiele, darunter die deutschen gegen Jugoslawien (2:0) und Schweden (4:2), finden auch tatsächlich am Rhein statt. Allerdings nicht in Köln, sondern in Düsseldorf.

Während Köln auf die Heinzelmännchen wartete, haben die Rivalen von stromabwärts ihr Rheinstadion rechtzeitig umgebaut. 24 Millionen Mark hat man dafür in die Hand genommen. Köln hingegen hat sich zunächst für die WM beworben, dann jedoch alle Bauentwürfe als zu teuer verworfen. So lange, bis die Frist der Fifa verstrichen war.

Das neue Müngersdorfer Stadion wird schließlich fast doppelt so teuer wie der Düsseldorfer WM-Umbau. Zur Einweihung stehen sich jedoch nicht Brasilien und Italien oder England und Argentinien gegenüber, sondern der 1. FC und Fortuna Köln. Die Geißböcke gewinnen am 12. November 1975 mit 3:0.

Radstadion und Sporthochschule aus der Luft (2009)

Das ehemalige Müngersdorfer Stadion (1975–2001) kostete

- 45 Mio. DM, fasste
- 61 188 Zuschauer, war
- das erste deutsche Stadion mit kompletter Überdachung und
- ohne die Sicht einschränkende Pfeiler. Außerdem verfügte es über
- zwei Anzeigetafeln und die
- seinerzeit stärkste Flutlichtanlage Europas.

1974

Bank bankrott

26. Juni 1974: Vor vier Tagen hat Deutschland (West) in einer historischen WM-Schlacht gegen die DDR verloren. In die nächste Runde zieht das Team von Helmut Schön dennoch ein. Zappenduster hingegen sieht es für einen Mann aus, der an diesem Tag sein Geldinstitut an Unter Sachsenhausen 6 abschließt: Iwan Herstatt ist 1,96 Meter groß, aber heute ganz klein mit Hut. Denn seine private Herstattbank ist pleite, komplett kollabiert. Interne Devisengeschäfte haben das Haus ruiniert, 36 000 Kunden bangen um ihr Erspartes.

Seinen Handelsraum nannte er gern »Raumstation Orion« und seine Händler die »Goldjungs«. Nun jedoch wird er sie bis an sein Lebensende 1995 für Verschwörer halten, die sein Lebenswerk ruinierten. 1955 hat er das Kölner Bankhaus Hocker übernommen und auf den eigenen Namen getauft. Nicht zuletzt wegen seiner Freundschaft zu Versicherungstycoon Hans Gerling ist er in der Rheinmetropole schnell vernetzt. Seien es Privatfirmen, die Kirche oder die Stadt: Auch Großkunden vertrauen Herstatt blind ihr Geld an. Zum Zeitpunkt des Bankrotts jedoch liegen die Schulden der Bank über eine Milliarde DM höher als ihre Vermögenswerte – es ist die größte Bankenpleite der deutschen Nachkriegsgeschichte.

Am 27. Juni 1974 beantragen Herstatts Anwälte die Eröffnung des Vergleichsverfahrens. Zehn Tage später, am 7. Juli, gewinnt Deutschland das Endspiel gegen Holland mit 2:1.

Die Herstatt-Bank 1970 (oben); Zimmerflucht im 1. Stock des Bankhauses

Zug der Köln-Bonner Eisenbahn (KBE) im Jahr 1970

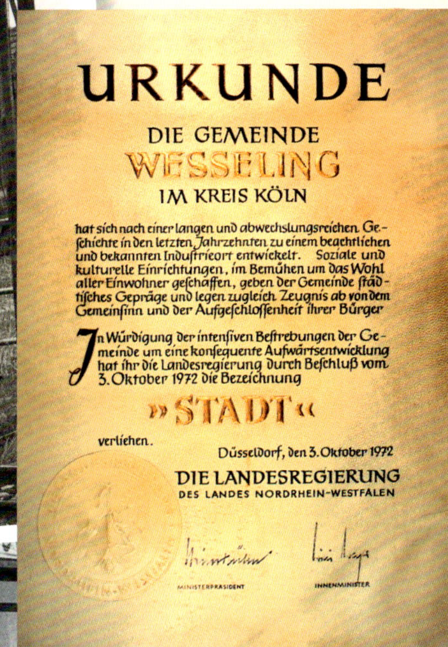

URKUNDE

DIE GEMEINDE
WESSELING
IM KREIS KÖLN

hat sich nach einer langen und abwechslungsreichen Geschichte in den letzten Jahrzehnten zu einem beachtlichen und bekannten Industrieort entwickelt. Soziale und kulturelle Einrichtungen, im Bemühen um das Wohl aller Einwohner geschaffen, geben der Gemeinde städtisches Gepräge und legen zugleich Zeugnis ab von dem Gemeinsinn und der Aufgeschlossenheit ihrer Bürger

In Würdigung der intensiven Bestrebungen der Gemeinde um eine konsequente Aufwärtsentwicklung hat ihr die Landesregierung durch Beschluß vom 3. Oktober 1972 die Bezeichnung

»STADT«

verliehen.

Düsseldorf, den 3. Oktober 1972

DIE LANDESREGIERUNG
DES LANDES NORDRHEIN-WESTFALEN

MINISTERPRÄSIDENT INNENMINISTER

Wesselinger Schülerdemonstration gegen die Eingemeindung

Eingemeindung ausgehebelt

Ebenfalls eine Frage des Geldes: Eingemeindungen. Köln soll wieder einmal wachsen, und so krallt man sich diesmal unter anderem die südlich angrenzenden Städte Wesseling und Rodenkirchen sowie das rechtsrheinische Porz. Abgesegnet wird die Aktion durch das »Gesetz zur Neugliederung der Gemeinden und Kreise des Neugliederungsraumes Köln« (auch: »Köln-Gesetz«) vom 5. November 1974. In Porz ist man nicht gerade glücklich über diese Gebietsreform, noch heute würde sich ein alteingesessener Bewohner niemals »Kölner« nennen. Noch massiverer Widerstand erwächst der anschwellenden Domstadt aus Wesseling. Gerade einmal zwei Jahre ist es her, dass dem Ort der Titel »Stadt« verliehen wurde. Und nun soll man plötzlich nur noch ein »Veedel« sein?

Die Wesselinger erheben Klage am NRW-Verwaltungsgericht – und haben Erfolg. Zum 1. Juli 1976 sind sie wieder selbstständig. Abgesehen von den dadurch ausbleibenden Steuermillionen der Wesselinger Industriebetriebe hat Köln nun auch noch ein Prestigeproblem. Denn mit dem Status als Millionenstadt wird es vorerst nichts.

1975

Chicago am Rhein

Schummrige Gassen und ein Großbordell

Heinrich Schäfer an Bord seines Bootes (1983)

Anton Dumm als Taubenzüchter (1971)

Heinrich Schäfer, genannt Schäfers Nas

Geboren: 1936

Gestorben: 1997

Gelernt: Ringroller (Hafenarbeiter)

Knast: 8 Jahre

Trivia:

- Brachte 1996 das aus der Domschatzkammer gestohlene Vortragekreuz zurück zum Kardinal. Lehnte den Finderlohn ab, bedankte sich jedoch für die Aufnahme in die Fürbitten des Domprobstes.
- Lebte bis zu seinem Tod auf einem Torpedofangboot im Rheinauhafen.

Schäfers Nas gegen Dummse Tünn

Das Big Ben im Klapperhof galt bei der Eröffnung 1967 als »erste Diskothek Deutschlands«. Weil der Schuppen im Kölner Friesenviertel liegt, wird hier aber von Beginn an nicht nur getanzt und geflirtet. Hier trifft sich das »Milieu«, hier wird gebechert, geprügelt und gezockt. Und nicht zuletzt werden hier Geschäfte getätigt, die man ganz zu Recht »dunkel« nennt.

Köln galt in den 60ern als »Chicago am Rhein«, und wer das für ein Kompliment hält, werfe einen Blick auf die zeitgenössische Kriminalitätsstatistik: Zwischen 1961 und 64 waren die Straftaten um fast 12 % gestiegen, während die Aufklärungsquote auf erbärmliche 34,4 % fiel. Keine deutsche Großstadt stand je schlechter da. Es ist dieses fahle Rotlicht, das auch am 20. September 1975 auf den Gehweg vor dem Big Ben strahlt. Hier stehen sich mit Heinrich Schäfer und Anton Dumm zwei Männer gegenüber, die sich bislang respektvoll aus dem Weg gegangen sind. Schäfers Nas, wie er wegen seines gewaltigen Kolbens genannt wird, und der Dummse Tünn haben sich die Kölner Unterwelt – ganz gewiefte Geschäftsleute – aufgeteilt.

Eigentlich. Heute jedoch ist der deutlich kleinere, aber nicht minder kräftige Anton betrunken und will es offensichtlich wissen. Der Countdown am Klapperhof läuft ...

Heinrich Schäfer hat sein Handwerk als Jugendlicher im Eigelstein gelernt, Dumm hingegen hat sich von Rath an die Ringe vorgearbeitet. Als sie sich in dieser Nacht gegenüberstehen, geht alles ganz schnell. Der Dummse Tünn ist nicht nur klein, sondern heute auch viel zu breit für »die Nas«, der Kampf endet schon nach wenigen Sekunden. Später wird Anton Dumm den Fight so zusammenfassen: »Dä hät m'r eine vür d'r Kopp jehaue, un dann wor ich fott!«

Anton Dumm, genannt Dummse Tünn

Geboren: 1938

Gelernt: Rohrleger

Knast: 3 Jahre

Trivia:

- Arbeitete zeitweise als Leibwächter von Romy Schneider, deren Mutter Magda mit dem Kölner Gastro-König Herbert Blatzheim verheiratet war.
- Betätigte sich nach seiner Rotlichtkarriere unter anderem als Taubenzüchter.

Peter Meisenberg, Autor diverser Köln-Krimis, hat für sein Buch »Geh mal zur Seite, Kleiner« auch Schäfers Nas interviewt. Aus seiner Jugend im Eigelstein erzählte dieser Folgendes:

»Da hatten wir mal ein bisschen ein Kino auseinandergenommen, so ein bisschen an der Sitzbank gewackelt und so. Und da saßen rechts und links von uns – wir hatten die überhaupt nicht gesehen – zwei Bullen. Plötzlich standen die auf, hatten Arme wie mein Oberschenkel, hatten mich im Kasten und dann mit auf die Wache. Ich kann dir sagen, so, wie die mich da auseinandergenommen haben, das ist mir seitdem nie wieder passiert. Ich bin nach Hause gekrochen, auf allen vieren. Mein Vater hat mich nicht wiedererkannt.«

1975

» ***Die Zeit* berichtet 1964 über die Probleme mit der Kleinen Brinkgasse:**
»13 Mitglieder des Pfarrausschusses von St. Aposteln, an ihrer Spitze Prälat Professor Schnitzler, und eine Abordnung von 162 Bürgern der Innenstadt schrieben an alle zuständigen Behörden: ›Die Zustände in der Umgebung der Kleinen Brinkgasse sind unerträglich!‹«

Das erste Hochhausbordell Europas

Das Friesenviertel ist nicht Kölns einziger Sumpf, aber an den Ringen ballt sich die Szene, dort ist viel Geld zu machen. Neben der Nas und dem Tünn treiben sich hier zahlreiche weitere Gestalten mit durchweg kapriziösen Namen herum: Der Abels Män (»schönster Zuhälter Kölns«), Hermanns Tünn (»die Axt«), Essers Häns (»der Indianer«), Schmidte Udo, Karate Jacky (»Weltmeister der Straße«) und der »Lange Tünn« (Anton Claahsen) gehören zur ersten Garde.

Rosenmontags-Mottowagen zur Eröffnung der Hornstraße (1971)

Bilderbuch Köln

Eine der schillerndsten – und zugleich wohl auch trostlosesten – Straßen des Viertels war die Kleine Brinkgasse. Heute liegt sie friedlich zwischen Großer Brinkgasse und Ehrenstraße. Bis in die 70er hinein jedoch ähnelt sie der Hamburger Herbertstraße: Mauern schützen die Freier und die im Schaufenster sitzenden Prostituierten vor ungebetenen Gästen und Glotzern. Schon seit Urzeiten nehmen in diesem Gässchen Männer gegen Geld die sexuellen Dienste von Frauen in Anspruch. Aber seit der städtischen Befriedung der Nächelsgasse im Severinsviertel konzentriert sich hier der Verkehr. Und nicht viel anders sieht es im Eigelstein aus. Dort ist es vor allem der Stavenhof, jene düster-enge Gasse, die sich ganz diesem Gewerbe verschrieben hat.

Den Garaus bereitet die Stadt all diesen Inseln des Lasters 1972 mit dem Bau eines Eros-Centers an der Hornstraße. Um das Zentrum ein wenig zu entkeimen und auf Sanierungen vorzubereiten, entsteht in Neuehrenfeld das erste Hochhausbordell Europas. Klagen von Prostituierten, die den Verbleib in der Innenstadt anstreben, werden samt und sonders abgewiesen. Nach und nach füllen sich die über zehn Etagen verteilten 126 Apartments. Und während anfangs offenbar kein passender Name für die umstrittene Einrichtung gefunden wurde, heißt sie seit 1995: Pascha.

Der Stavenhof in Schwarz-Weiß (1989)

Die Hornstraße aus der Luft (2009)

Beim WDR hat man die Bordell-Eröffnung an der Hornstraße 35 Jahre danach so in Erinnerung:

»Bereits Stunden vor der geplanten Öffnung am 11. Januar 1972 erreicht der Hormonstau den kritischen Punkt. Lautstark randalierend erzwingen die wartenden Freier ihren vorzeitigen Einlass ins neue Lustspielhaus. Als dann um 15.00 Uhr exakt 71 Männer den Kontakthof des neuen Kölner Eros-Centers stürmen, werden sie lediglich von drei Damen freudig erwartet. Der Rest der Belegschaft richtet die Korsagen oder ist noch gar nicht eingezogen.«

1975

Städtische Neubauten

Als die Kommune noch Kohle für Kultur hatte

Musikhochschule Unter Krahnenbäumen (2007)

Das Kunibertsviertel von oben (2010)

Die Musikhochschule

1975

Ungeachtet der ersten Ölkrise 1973 profitieren die Kommunen noch vom Aufschwung des »Wirtschaftswunders«, und das Geld sitzt locker. Nicht zuletzt macht sich das im Stadtbild bemerkbar. An jeder Ecke schießen öffentliche Gebäude aus dem Boden, die das kulturelle Leben bereichern. Schon 1974 ist das Römisch-Germanische Museum eröffnet worden, nun ist die Musikhochschule an der Reihe. Die Tradition dieser Einrichtung reicht zurück bis ins Jahr 1850, als das »Conservatorium der Musik in Coeln« gegründet wurde. 1925 folgt die Anerkennung als deutschlandweit dritte Staatliche Hochschule für Musik. Damit hat das anfangs auch Laien zugängliche Konservatorium endgültig ein akademisch-künstlerisches Profil gewonnen. Im Zuge verschiedener Reformen wird schließlich 2009 noch einmal ein neuer Name etabliert: Hochschule für Musik und Tanz Köln.

Das heutige Kunibertsviertel wird erst in der Nachkriegszeit zu einem echten, eigenständigen Veedel. Vorher zählte es zum Eigelstein, aber die Nord-Süd-Fahrt durchschneidet die Einheit. Allmählich setzt sich dann die romanische Kirche St. Kunibert als Namenspatin durch. Direkt hinter dem Hauptbahnhof gelegen, findet sich hier das typische Bahnhofsmilieu, die Eröffnung der Musikhochschule jedoch wertet das Veedel deutlich auf. Wo Studenten sind, da entstehen Cafés und Kneipen, und auch die vielen abendlichen Konzerte bringen neues Leben ins Revier. Die betonbetonte Architektur des kantigen Neubaus ist nicht jedermanns Sache, doch das steht dabei auf einem anderen Blatt.

Das Ostasiatische Museum am Gereonswall (links 1910, unten 1913)

Das Ostasiatische Museum

1977

Dass sich auch in den architektonisch fragwürdigen 70er Jahren ein Museum wunderbar in den Stadt- und Landschaftsraum einfügen kann, beweist der japanische Architekt Kunio Maekawa. Direkt am Aachener Weiher wird 1977 sein Museum für Ostasiatische Kunst eingeweiht. Der flache Bau ist um einen japanischen Landschaftsgarten herum errichtet worden. Auch nach außen hin verbinden sich Architektur und Landschaftskunst, indem ein Teilstück des Weihers mittels einer asiatischen Holzbrücke zum Museumscafé hin abgetrennt wird.

Das Ensemble an der Universitätsstraße ist das zweite seiner Art. Die Ausstellung basiert auf der Sammlung des Ehepaares Adolf und Frieda Fischer, die bereits 1913 museal präsentiert wurde. Schon damals wurden Objekte aus China, Korea und Japan gezeigt.
Die Stifter bestanden von Anfang an darauf, die Exponate nicht rein völkerkundlich, sondern als echte, individuelle Kunstwerke auszustellen. Nachdem das Gebäude am Gereonswall dann den Bomben zum Opfer gefallen war, machte man sich am Aachener Weiher an einen Neuanfang. Sehr gelungen …

Das Ostasiatische Museum am Aachener Weiher, hier noch mit dem alten Holzsteg

1975

Die Zentralbibliothek

1979

Ihre Herkunft aus den 70er-Jahren verrät auch die Zentralbibliothek am Neumarkt auf den ersten Blick. Schönheitspreise sind mit diesem Bauwerk nicht zu gewinnen. Aber auch die ZB steht für eine wirtschaftlich gesündere Ära, in der öffentliche Gelder in öffentliche Projekte fließen statt in den Schuldenabbau.

Eine erste »Volksbibliothek« besaß Köln schon gegen Ende des 19. Jahrhunderts. Das Geld dafür hatten bildungsbeflissene Bürger im Rahmen einer Stiftung zusammengetragen. Literatur für alle – so lautete das Credo der Institution, die bis 1939 auf zwölf Filialen anwuchs. Weil das Wort »Volk« nach 1945 arg diskreditiert war, beschloss der Rat 1966 die Umbenennung in »Stadtbücherei Köln«. Deren Zentralbibliothek steht nun seit 1979 tatsächlich sehr zentral direkt am Neumarkt. Auf 14 500 Quadratmetern werden hier neben Büchern, Landkarten und Noten inzwischen auch neuere Medien wie DVDs und E-Books angeboten. Fast 90 000 Mitglieder generieren rund sieben Millionen Ausleihen jährlich. Zu den hausinternen Spezialabteilungen zählen die Blindenhörbibliothek, das Heinrich-Böll-Archiv, die Sammlung Literatur in Köln (LiK) sowie die Germania Judaica zur Geschichte des deutschen Judentums.

Das EL-DE-Haus

1981

Auch das EL-DE-Haus braucht für seine Eröffnung städtische Gelder. Aber vor allem einen Einbruch. Im März 1979 steigen der Lehrer Kurt Holl und der Fotograf Gernot Huber in einen Keller am Appellhofplatz ein. Ihr Plan: dort Fotos zu machen und sie der Öffentlichkeit zu präsentieren. Denn dieses düstere Untergeschoss beherbergte einst die Arrestzellen der Kölner Gestapo-Zentrale.

Das EL-DE-Haus, so genannt nach dem ehemaligen Bauherrn, dem Kaufmann Leopold Dahmen, wurde nach Kriegsende von städtischen Behörden genutzt. Die Räume im Kellertrakt dienten als Akten- und Abstellkammern. Als hier die Gestapo residierte, saßen Tausende von Häftlingen in den winzigen, lichtlosen Zellen. Viele von ihnen wurden während der Verhöre gefoltert und schließlich auch hier exekutiert. Die Hinrichtungsstätte lag direkt im Innenhof.

Als Holl und Huber hier eindringen, entdecken sie zahllose Wandinschriften der ehemaligen Gefangenen. Niemand scheint seit 1945 Notiz genommen zu haben von diesen sprechenden Mauern. Aber die Fotos jener Einbruchsnacht bringen einen Stein ins Rollen. Noch im selben Jahr beschließt der Rat die Einrichtung eines Kölner NS-Dokumentationszentrums. Zwei Jahre später wird es im EL-DE-Haus eröffnet.

Ein Schicksal von vielen, die sich mit dem EL-DE-Haus verbinden:

Teofila (genannt Tola) Turska (geb. 1924) wurde 1942 bei einer Straßenrazzia in Warschau aufgegriffen und nach Deutschland verschleppt. Ab dem 5. Mai 1944 saß sie am Appellhofplatz ein. Nachdem sie verhört und gefoltert wurde, verbrachte sie zunächst mehrere Wochen in Einzelhaft und wurde dann bis Ende September 1944 in Zelle 2 verlegt, in der zeitweilig über 15 Frauen leben mussten. Anschließend überlebte sie die Deportationen in mehrere Konzentrationslager. Nach der Rückkehr nach Polen arbeitete sie lange als Krankenschwester. Tola Turska starb 2002.

Zellentrakt im EL-DE-Keller

Wandinschrift von Askold Kurow (1926–2000), der nach zwei Monaten aus dem Gestapo-Knast fliehen konnte:

»Heute ist der 3.2. (1945), vierzig Leute wurden gehängt. Wir haben schon 43 Tage gesessen, das Verhör geht zu Ende, jetzt sind wir mit dem Galgen an der Reihe. Ich bitte diejenigen, die uns kennen, unseren Kameraden auszurichten, dass auch wir in diesen Folterkammern umgekommen sind.«

1976

Alle Aufnahmen: BAP auf dem Musikertreffen »Haste Töne« in Recklinghausen – 1980 wurden sie für das Inlett der Affjetaut-LP verwendet.

Die 6. Strophe von »Verdamp lang her« ist komplett dem »Bap«, dem Vater gewidmet:

»Verdamp lang her, dat ich bei dir am Jraav woor.
Verdamp lang her, dat mir jesprochen hann,
un dat vum eine och jet beim andere ahnkohm,
su lang, dat ich mich kaum erinnre kann.
Häss fess jejläuv, dat wer em Himmel op dich waat.
›Ich jönn et dir, Bap‹, hann ich jesaat.«

»BAP rockt andere kölsche Leeder«

Startschuss für eine kölsche Erfolgsband

Wolfgang Niedecken war Kunststudent und Kneipensänger, einer, der mit seiner Gitarre und seinen selbstgeschriebenen Liedern von Tresen zu Tresen trampte. Aber dann ist da ab 1976 eine Band namens BAP und drei Jahre später das Angebot, eine Platte aufzunehmen. »Wahnsinn«, die Verkölschung des Troggs-Hits »Wild Thing«, wird zu einem regionalen Erfolg. Und als ein Jahr später der Rockgitarrist Klaus »Major« Heuser zur Band stößt, geht es richtig ab. Bereits auf der zweiten LP »Affjetaut« finden sich Hits wie »Ne schöne Jrooß«, das »Stollwerck-Leed« und die »Ruut-wieß-blau querjestriefte Frau«.

»BAP« – das ist Niedeckens kölsche Schreibweise für Papp, Vater. Um den geht es auch in »Verdamp lang her«, dem bekanntesten Song der Band. Niedecken und seine Mitstreiter vereinen Bob Dylan und Bruce Springsteen mit Willi Ostermann und den Bläck Fööss. Wie keiner anderen Band gelingt es ihnen, das kölsche Idiom in deutschsprachigen Landen bekannt zu machen. BAP touren in Bayern genauso wie in der Schweiz und Österreich – und überall singen die Fans jeden Song von Anfang bis Ende mit.

Ein Grund für die große Popularität von BAP ist sicherlich auch das politische Engagement der Gruppe. Ihr Aufstieg fällt in die Hoch-Zeit der Friedensbewegung. BAP singen auf der Grünen Raupe für die junge Umweltpartei »Die Grünen«, und sie stehen in der damaligen Hauptstadt Bonn auf der Bühne, als dort 1982 Hunderttausende gegen den amerikanischen Cowboy-Präsidenten Ronald Reagan, gegen den NATO-Doppelbeschluss und für die Abrüstung demonstrieren. Eine fest geplante Tournee durch die DDR sagt die Band 1984 hingegen schweren Herzens ab. Die von den Ost-Veranstaltern geforderten Streichungen in der Setlist hätte man als Verrat der eigenen Ideale empfunden.

1977

Unterm Korb und auf dem Eis

Saturn gegründet, Haie erstmals Meister

Der Saturn-Turm, Luftaufnahme von 2010

Bilderbuch Köln

Das spätere Saturn-Hochhaus mit »Emelka«-Theater, Kino und Café (1931)

1977

Fritz Waffenschmidts Pioniertat vom November 1972 sollte weitreichende Folgen für das deutsche Musikbusiness haben. Mit dem »Saturn« am Hansaring eröffnet der gebürtige Brühler den ersten deutschen Platten-Supermarkt, hier erhält die Jugend ihr Vinyl fortan en gros und zu Discountpreisen. Das Konzept ist so erfolgreich, dass Waffenschmidt sein Geld auch anderweitig verteilt. Ganz wie ein heute weltweit agierender Fitnessbrause-Fabrikant investiert er 1977 in einen Sportverein. Aus der alten Basketballabteilung des ASV Köln entsteht der BSC Saturn. Vier Jahre später gelingt die erste Deutsche Meisterschaft, der drei weitere und ebenso viele Pokalsiege folgen werden. Groß sind sie alle, die »Riesen vom Rhein«, aber die tragenden Säulen des Teams heißen Klaus Zander, Hansi Gnad und Stephan Baeck. Die Geschicke von Plattenladen und Basketball bleiben in den folgenden Jahren eng verknüpft. Während die Sportler Titel sammeln, expandiert auch der Markt von zunächst 1 500 auf schließlich 3 000 Quadratmeter Verkaufsfläche am Hansaring. 1984 jedoch hat Gründer Waffenschmidt genug. Bald wird er 60, der Mann will kürzertreten und sich mit seiner Frau im sonnigen Florida ansiedeln. Mit dem Verkauf des Unternehmens versiegt auch der Geldfluss an den Sportverein. Versuche, sich über Wasser zu halten, scheitern. 1993 wird der Club endgültig aufgelöst.

Fritz Waffenschmidt kümmerte sich auch nach dem Ausstieg um seine alten Angestellten: »Meine ehemaligen Mitarbeiter bekommen noch alle zwei Jahre Weihnachtsgeld. Und in dem Jahr, in dem es keines gibt, kriegen sie eine Festtruhe Nürnberger Lebkuchen. Ich habe dem Kind auch einen Namen gegeben: Das ist die Dankeschön-Sonderzahlung. Ich kann einfach nicht vergessen, was die Leute für mich und meine Frau getan haben.«

Das Stadion an der Lentstraße – alte Wirkungsstätte der Kölner Haie

HORKÝ UND DER HAI

Im Gründungsteam des KEC 1972 steht mit Torwart Dieter Horký eine interessante Figur. Der Mann ist nicht nur Eishockeykeeper, sondern auch bildender Künstler. Und als es darum geht, dem neuen Club ein Logo zu entwerfen, muss nicht lange nach Designern gesucht werden. Horký entwickelt ein Emblem mit einem grimmig dreinblickenden Hai. Wie schon der Geißbock der kölschen Fußballer wird auch der Meeresräuber zum Synonym des Clubs: Der KEC, das sind fortan »die Haie«. Bald schon fressen sie – ganz ihrem Maskottchen verpflichtet – alles, was sich ihnen in den Weg stellt.

Ein Double

Auch auf dem Eis hat sich in Köln ein Erfolgsmodell entwickelt, das Jahre vorhalten wird. 1977, der BSC Saturn liegt gerade in der Wiege, holt der Kölner Eishockey-Club, kurz KEC, die erste Deutsche Meisterschaft an den Rhein. Aber Kühnhackl, Kießling, Truntschka, Hegen, Kuhl, Sikora und wie sie über die Jahre alle heißen, ist das nicht genug. Die Haie dominieren das deutsche Eishockey der 80er und gewinnen zwischen 1984 und 88 vier Mal den Titel. 1987 feiert Köln sogar eine Art Double: Während die Basketballer ihren dritten Deutschen Meistertitel holen, sind die Haie von der Lentstraße bereits zum fünften Mal erfolgreich. Im Halbfinale fegt das Team von Hardy Nielsson die Düsseldorfer EG mit 8:1, 9:1 und 7:3 aus der Halle, als handele es sich um eine Schülermannschaft. Und im Finale kommt auch der Mannheimer ERC auf keinen grünen Zweig, sondern stattdessen arg unter die Räder: Die Haie triumphieren mit 5:0, 6:2 und 9:2.

Ob Lanxess-Arena, Köln-Arena oder Henkelmännchen: Hier spielen die Haie.

1978

Der FC holt das Double

Meisterschale und Pokal in Köln

Fußballerisch sind die 70er das Jahrzehnt der Münchner Bayern und der Mönchengladbacher Fohlen. 1970 und ’71 gewinnen Letztere die Schale, dann dreimal die Bayern, bevor anschließend wiederum die Gladbacher einen Meisterschaftshattrick nachlegen. Auch zu Beginn der Saison 77/78 erwartet Fußballdeutschland den gewohnten Zweikampf, aber es wird anders kommen.

Die Bayern um Hoeneß, Rummenigge und Müller schwächeln und müssen sich am Ende mit dem 12. Platz zufriedengeben. Katastrophal startet auch der 1. FC Köln in die Saison. Ausgerechnet beim rheinischen Rivalen Fortuna Düsseldorf gehen die Geißböcke im ersten Spiel mit 1:5 unter. Aber bereits am dritten Spieltag setzen die Kölner ein Ausrufezeichen: Werder Bremen wird mit einem 7:2 aus Müngersdorf verabschiedet. Das Match geht in die Geschichte ein, weil Kölns Stürmer Dieter Müller hier ein Kunststück vollbringt, das bis heute unerreicht ist: Der gebürtige Offenbacher schießt in dieser Partie allein sechs Tore. Zum Ende der Hinrunde führt der FC die Tabelle an – mit einem Punkt vor den Gladbachern.

Spannend ist’s, und geradezu skandalös spannend wird es bis zum Schluss bleiben. Am 31. Spieltag verliert der FC zu Hause gegen Eintracht Frankfurt, während Gladbach gleichzeitig in Saarbrücken siegt. Kölns Vorsprung ist plötzlich nicht mehr in Punkten, sondern nur noch in Toren zu messen. Weil der Verfolger am vorletzten Spieltag einen 6:2-Kantersieg gegen den HSV landet, geht der FC mit nur noch zehn Toren mehr in das Saisonfinale.

Ein Vorsprung, der reichen sollte, sagt sich der erfahrene Fußballfan. Vorausgesetzt, man gewinnt beim designierten Absteiger FC St. Pauli. Aber da hat die Fachwelt ihre Rechnung ohne Borussia Dortmund gemacht. Denn was Otto Rehagels Truppe sich gegen Gladbach leistet, ist eine einzig, 90-minütige Frechheit. Nach wenigen Sekunden bereits fällt der erste Treffer, und zwölf werden es insgesamt, die Jupp Heynckes, Kalle Del’Haye und Co. den Westfalen einschenken. Hätten die Kölner aus Hamburg lediglich ein 1:0 mitgenommen, sie wären als Vizemeister nach Hause gekommen.

Aber da sind Hennes Weisweiler und Heinz Flohe vor! Weisweiler verbietet seiner Ersatzbank, den Spielern auch nur einen einzigen Zwischenstand des Gladbach-Spiels mitzuteilen. Und auf dem Feld liefert Kapitän »Flocke« Flohe ein grandioses Match ab, das er mit zwei eigenen Toren krönt. 5:0 gewinnt der FC schließlich gegen St. Pauli und holt dadurch – Otto »Torhagel« zum Trotz – nach dem Pokalsieg zwei Wochen zuvor seine dritte Deutsche Meisterschaft – mithin: das Double!

»

Hennes Weisweiler kurz vor Spielschluss in St. Pauli auf die Frage eines Reporters, ob er jetzt an die Meisterschaft glaube:

»Noch immer nit!«

Kapitän Flohe mit der Meisterschale auf dem Rathausbalkon

Heinz Flohe, damals FC-Kapitän, über das 12:0 der Gladbacher:

»Die Dortmunder haben sich überhaupt nicht gewehrt. Mit dem Endrulat hatten die einen Torwart drin, dem sie kurz vorher die Kündigung geschickt hatten. Und der Schiedsrichter, Biwersi, galt als typischer Gladbach-Schiri. Der hat bei jenem Spiel auch ein Tor gegeben, das er gar nicht sehen konnte. Da lag der Torwart hinterm Ball, irgendwo auf der Linie – do hät dä Tor jejovve! Sogar der Hacky Wimmer hat ein Tor gemacht, das gab es normal gar nicht. Ob das Spiel verschoben war, weiß ich nicht. Unsportlich war es auf jeden Fall.«

Skandal in Düsseldorf

1979

Jürgen Zeltinger, genannt »die Plaat«

Aus »Müngersdorfer Stadion«:
»Ich fahr schwatz met d'r KVB,
die Markfuffzisch deit denne och nit wieh,
ich fahr schwatz mit d'r KVB,
dä Hals voll krieje die Bonze nie!«

Rock am Rhing

Zeltinger kommt, Can geht

»Halt ens die Fress ...«

»Heute live im Roxy: Jürgen Zeltinger und Freunde«, so beginnt der Auftritt der Zeltinger Band an Weiberfastnacht 1979. Eng ist's im Roxy, wie sich Zeltinger später erinnert »Der Bassist stand auf dem Damenklo, der Gitarrist auf der Herrentoilette, und ich stand neben der Theke. Ich war praktisch während des Saufens am Singen.« In den Wochen zuvor ist die »Plaat«, wie der Frontmann wegen seiner markanten Fleischmütze genannt wird, zwangsrekrutierend durch Kölns einschlägige Szenelokale marschiert. »Du spills morje in minger Bänd«, soll er zum Beispiel zu Arno Steffen gesagt haben, der später u.a. L.S.E mitgründen wird. Zusammen mit Ralf Engelbrecht (g), Norbert Zucker (b), Peter Gramen (g) und der Ex-Can-Größe Jaki Liebezeit (dr) wird eine Combo der Extraklasse aus dem Boden gestampft. Und nicht zuletzt, weil an jenem Abend mit Conny Plank ein legendärer Produzent am Aufnahmepult sitzt, wird die kölsche Punk-Asi-Rock-Band fast über Nacht berühmt. Ihre Dialekt-Versionen von Lou Reeds »Walk On The Wild Side« (»Stüverhoff«) und »Rockaway Beach« von den Ramones (»Müngersdorfer Stadion«) werden echte Hits, bald tourt man mit den Boomtown Rats ...

Zeltingers Ruhm verblasst im Laufe der 1980er, und auch im Roxy ändert sich manches. Kölns bekannteste Künstler- und Nachteulenkneipe ist 1974 von Horst Leichenich (der »dicke Horst«) gegründet worden und liegt ursprünglich an der Maastrichter Straße. Mit den ersten neun Jahren bis zum Umzug verbindet sich auch die einflussreichste Phase des Clubs. Hier verkehren exzessiv arbeitende und lebende Künstler wie Jürgen Klauke und Sigmar Polke, junge Musiker wie Steffen und Zeltinger sowie jede Menge Volk, das morgens nicht allzu früh aus den Federn muss. 1983 dann der Wechsel von der damals noch ruhigen Seitenstraße des Belgischen Viertels an den umtosten Rudolfplatz: Das Roxy wandert an die Aachener Straße 2, wo es bis heute steht.

Bilderbuch Köln

Jürgen Zeltinger, »Asi mit Niwoh«, zu einem Konzertbesucher:
»Halt ens die Fress, ich muss mich konzentrieren.«

1979

Can löst sich auf

Der eine kommt, die anderen gehen: Musikalisch gibt es wahrlich nicht viele Überschneidungen zwischen der Zeltinger Band und Can. Aber man kennt sich untereinander, schließlich sind auch die richtungsweisenden Krautrocker um Irmin Schmidt und Holger Czukay zwar keine kölsche, aber eine Kölner Band. Ihr alle gängigen Songschemata ignorierender Stil prägt bis heute avantgardistisch orientierte Musiker – von frühen Punks bis Portishead. 1968 gegründet, probt Can seit 1971 im legendären Tonstudio in Weilerswist, einem umgebauten Kino. Mit der komplett improvisierten LP »Monster Movie« hat man sich 1969 einen Namen gemacht, es folgen Filmmusiken und bahnbrechende Sessionaufnahmen. 1978, ein Jahr vor Zeltingers Premiere, ein Jahr auch vor der ersten BAP-LP, löst Can sich auf.

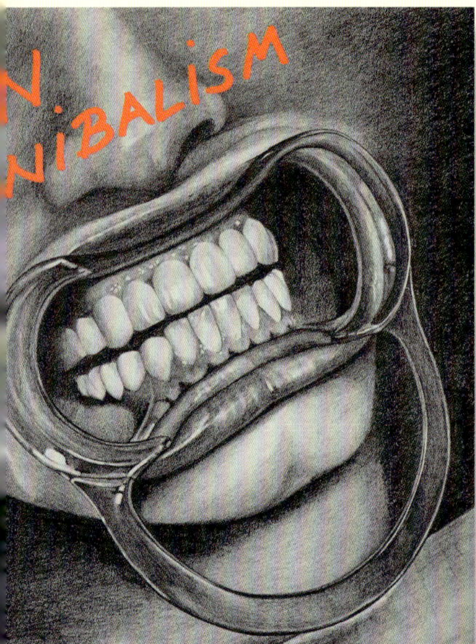

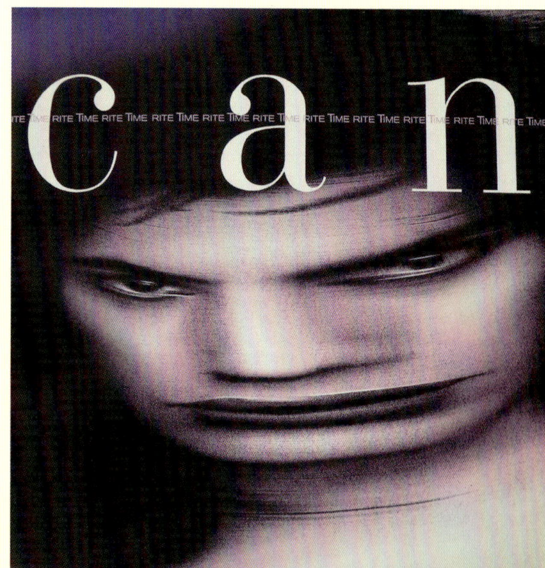

Historische Can- und Soloplatten der Mitglieder

Das legendäre Can-Studio in Weilerswist wurde Kabel für Kabel und Mischpult für Mischpult nach Gronau ins rock'n'popmuseum umgepflanzt

1980

Campi und Roncalli

Ein (vorläufiges) Ende und ein (zweiter) Anfang

Gigi Campi: Ende am Wallrafplatz

Gigi Campis Vater war der sozialistische Bürgermeister einer Stadt in Norditalien. Auf der Flucht vor den Faschisten landete die Familie zunächst in Berlin. Auf dem Weg nach Paris jedoch ging Paolo und Nuccia in Köln das Geld aus. Und deshalb kam ihr Sohn Pierluigi, genannt Gigi, 1928 am Rhein zur Welt.

An den Dom kehrt Gigi auch nach einigen Jahren als italienischer Journalist zurück, um (mit seiner Mutter) ein Eiscafé zu eröffnen. Ohnehin ist diese Kaltspeise seinerzeit noch etwas Besonderes. Aber was Gigi aus seinem Laden macht, ist einzigartig. 1950 gründet er mit »mod records« das erste unabhängige Jazzlabel Deutschlands. Zahlreiche weitere Innovationen im Dienste der Musik schließen sich an.

Zu einem wichtigen Veranstaltungsort wird das zentral gelegene Eiscafé Campi. Auch jenseits der Livemusik trifft sich hier alles, was in der Jazzszene Rang und Namen hat. Das Campi entwickelt sich zu einem überregional bekannten Anlaufpunkt, in dem man Gäste wie Heinrich Böll und Karlheinz Stockhausen genauso beim Espresso sieht wie Caterina Valente, Juliette Greco oder Maria Callas.

1980 jedoch der Einschnitt: Campis Vertrag wird nicht verlängert, er muss das Lokal an der Hohe Straße abgeben. Zu einem ähnlich quirligen Treffpunkt wird dann erst wieder das Campi im Funkhaus. Gigi hatte die alte WDR-Kantine mit ihrem umwerfenden Fifties-Charme zielsicher gepachtet und sodann geschmackvoll renoviert. Von 1997 bis 2012 geht alles gut, bis der WDR die Pacht neu ausschreibt. Gigi Campi, der kölsche Italiener, erlebte das Ende am Wallrafplatz jedoch nicht mehr. Er starb bereits am Dreikönigstag des Jahres 2010.

Campi-Ableger am Hohenzollernring (1960)

Bernhard Paul: Neuanfang mit Roncalli

Mit dem Verkauf des alten Campi endet 1980 eine Kölner Kultur-Institution. Im selben Jahr jedoch tritt eine andere auf den Plan. Zauberei statt Musik, Clownerie statt Mienenspiel, aber irgendwie gar nicht so fern voneinander: Die Premiere des Circus Roncalli am 4. Juni wird ein Riesenerfolg. Die »Reise zum Regenbogen« begeistert die Zuschauer, wo immer die Wandertruppe fortan gastiert.

Dabei hatte es am Anfang gar nicht gut ausgesehen. Ursprünglich hat Roncalli-Chef Bernhard Paul seinen Traumcircus 1976 gemeinsam mit Landsmann André Heller gegründet. Aber die beiden Österreicher verkrachen sich noch in der ersten Saison. Pauls Leidenschaft ist dennoch nicht totzukriegen. 1978 zieht er in die alte Stollwerckfabrik in der Kölner Südstadt, wo inzwischen nicht mehr Schokolade, sondern Kunst produziert wird. Hier proben Bands wie BAP, und hier trainieren nun auch Artisten des Circus Roncalli. Viel zur wachsenden Bekanntheit der Truppe tragen die Auftritte in der beliebten 80er-Jahre-Fernsehsendung »Bios Bahnhof« bei. Und Alfred Biolek wiederum ist einer von Gigi Campis Mitstreitern, als es 1983 darum geht, den verwaisten Alten Wartesaal am Hauptbahnhof in einen Kultur- und Gourmet-Tempel zu verwandeln.

Und noch eine kölsche Parallele: Sein Winterquartier bezieht der Circus seit 1984 am Neurather Weg in Mülheim. Ein symbolträchtiger Ort, der die enge Symbiose von Roncalli und Köln beleuchtet. Denn auf diesem Areal campierte ursprünglich der Traditionscircus Williams. Und dessen Chefin Carola Williams hatte dem FC-Präsidenten Franz Kremer 1950 ein folgenreiches Geschenk überreicht: einen kleinen Geißbock, der bald auf den Namen Hennes getauft werden sollte. Der Rest ist (Fußball-)Geschichte.

Der Circus bei einem Gastspiel am Neumarkt (2006)

» Direktor Bernhard Paul erinnert sich an die prekäre Situation des Circus vor der Neugründung 1980: »Wir hatten bis zum Hals und eigentlich darüber hinaus Schulden – aber die Kölnerinnen und Kölner haben sich an diesem Tag in uns verliebt. Der Circus war ausverkauft und ausverkauft und ausverkauft.«

1980

»Sie sehen ja aus wie die Heiligen Drei Könige!«

Das Kölner Dreigestirn beim Papst (1983)

Bilderbuch Köln

KARNEVAL 1983, EIN PAAR FAKTEN:

MOTTO: Kölner Karneval wie ein Märchen

PRINZ: Kurt II. (Kurt Ludes, Inhaber einer Künstlervermittlung)

BAUER: Reinhold (Reinhold Schornstein, Tankstellenpächter)

JUNGFRAU: Hansi (Hans-Dieter Salchert, Inhaber der elterlichen Buch- und Offsetdruckerei)

PRINZENMOTTO: Vergesst die Sorgen. Dem Griesgram Stopp. Mer drei stelle Kölle op d'r Kopp.

Johannes Paul II., Albertus der Große und Kurt II.

Der Papst in Köln, Köln beim Papst

Der Altar auf dem Butzweilerhof (1980)

Wer sich die Begrüßung des Kölner Erzbischofs vor Augen führt, der kann ermessen, welche Bedeutung dieser Besuch vom 15. November 1980 für die katholische Gemeinde der Rheinmetropole hat: »Wir freuen uns, Heiliger Vater, dass Sie bei uns sind«, hebt Joseph Kardinal Höffner an. Um dem polnischen Stellvertreter Gottes dann vorzurechnen: »Es sind 931 Jahre her, dass zum letzten Mal ein Papst in Köln gewesen ist: Es war der heilige Papst Leo IX., der im Jahre 1049 von Kaiser Heinrich III. und von meinem Vorgänger, Erzbischof Hermann II., stürmisch im heiligen Köln begrüßt wurde.«

Köln ist Johannes Pauls erste Station in Deutschland, später wird er auch nach Münster, Fulda und Altötting reisen. Aber es ist nicht der Dom, der ihn hierherführt. Stattdessen geht sein Weg ein paar Meter weiter zu St. Andreas. Denn hier liegt der heilige Albertus Magnus begraben, dessen Todestag sich an jenem 15.11. zum 700. Mal jährt. Köln hat diesem Albertus, dem Dominikaner, Kirchenlehrer und Schriftgelehrten, einiges zu verdanken – vor allem die Universität, deren Vorläufer er 1248 zu einem europaweit angesehenen Institut entwickelte. Nicht umsonst steht seine überlebensgroße Bronze heute vor dem Hauptgebäude der Alma Mater.

Bevor der Papst Köln verlässt, liest er vor Tausenden Gläubigen die Messe. Eigens dafür hat man auf dem weitläufigen Gelände des Butzweilerhofs einen Altar errichten lassen. Drei Jahre später revanchieren sich die Kölner für den Besuch und schicken nun ihrerseits ihre höchsten Repräsentanten nach Rom: das Dreigestirn. »Sie sehen ja aus wie die Heiligen Drei Könige«, sagt der Papst zur Begrüßung. Der Mann hat Humor, aber so ganz abwegig ist sein Vergleich tatsächlich nicht. Die kölschen Karnevalisten sind in vollem Ornat erschienen, und die Uniformen ihrer Gardisten ähneln denen der päpstlichen Schweizer Garde. Der einzige optische Kontrapunkt unter all diesen bunten Papageien ist der heilige Papa selbst: Er trägt schlichtes Weiß.

Zum Abschluss der Audienz erbittet der mitgereiste Kardinal Höffner einen apostolischen Segen für die Zukunft des Karnevals: »Frohsinn statt Trübsal, Zuversicht statt Angst und Humor statt Aggression.« Auch danach geht es närrisch weiter, wie der *Kölner Stadt-Anzeiger* am Folgetag zu berichten weiß: »Der Papst erteilte den Segen, ließ sich mit der Gruppe fotografieren und gab jedem der zwanzig Besucher die Hand. Dann ließ er die Stadt grüßen und verabschiedete sich. Wieder draußen löste sich die Spannung. Drei Mal schallte es ›Kölle Alaaf‹ über den Petersplatz.«

1981

»Weißer Perserkater, Name Hannibal, Belohnung«

Zwei spektakuläre Fälle von Kindesentführung

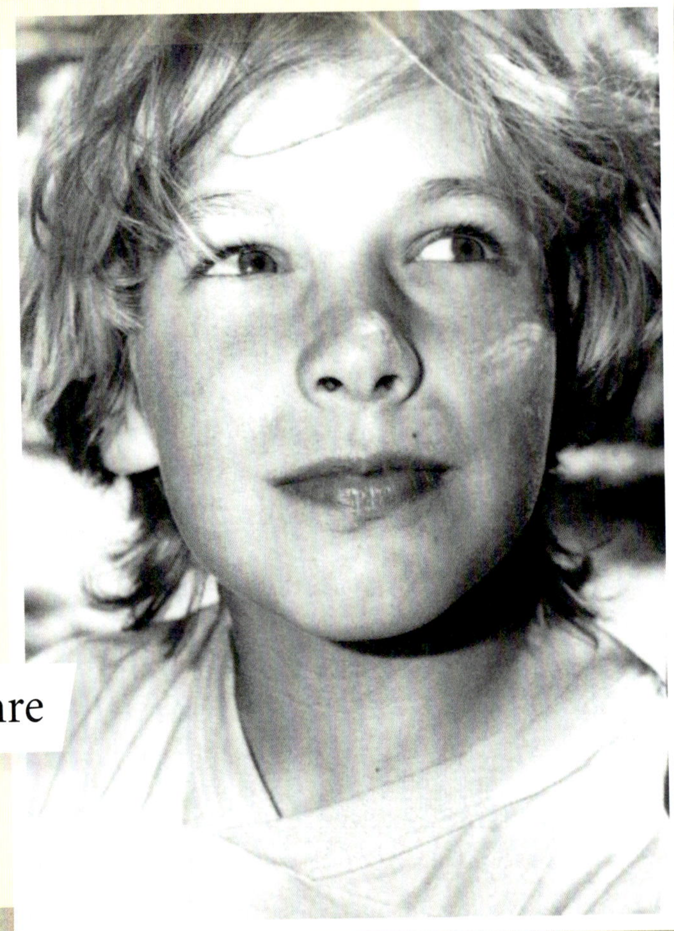

Johannes Erlemann, 11 Jahre

Am 6. März 1981 wird der elfjährige Johannes Erlemann, Sohn des ehemaligen KEC-Präsidenten Jochem Erlemann, von seinem Fahrrad gerissen und entführt. Drei Männer lauern ihm auf und sperren ihn dann in einer im Stadtwald deponierten Kiste ein. Zwei Meter lang ist der Verschlag, 1,50 Meter breit und lediglich 1,60 hoch. Zwei Wochen harrt Erlemann dort aus. »Ich konnte nichts sehen, nur tasten. Die meiste Zeit war ich angekettet, durfte aber Radio hören«, gibt er später zu Protokoll. Drei Millionen DM fordern die Kidnapper als Lösegeld. Durch eine verschlüsselte Zeitungsannonce (»Weißer Perserkater, Name Hannibal, Belohnung«) soll die Familie signalisieren, dass sie bereit sei, die Summe aufzubringen.

Der Holzkasten, in dem Mutter Gaby das Geld schließlich im Dünnwalder Wildpark hinterlegt, hat keinen Boden. Stattdessen fällt die Tasche genau in die Hände der Täter, die in einem unterirdischen Randkanal darauf gewartet haben. Ihre Absprache halten sie danach ein: Johannes Erlemann wird an einem Acker bei Mönchengladbach ausgesetzt, ein Taxifahrer bringt den Jungen heim.

Wenige Tage später werden die Kidnapper gefasst – es handelt sich um drei Brüder und einen Helfer. Sie wandern für drei bis zehn Jahre in den Knast. Bis heute jedoch konnten nur knapp zwei Drittel des Lösegelds sichergestellt werden.

POKERFACE ERLEMANN

Während der ersten sieben Tage hatte niemand mit ihm geredet. Sein einziger Menschenkontakt: wenn er einmal pro Tag Brot und Tee gereicht bekam. Nach einer Woche schreit er verzweifelt heraus: »Das geht so nicht, macht etwas mit mir! Irgendetwas!« »Am nächsten Tag brachte der Entführer Karten mit und zeigte mir, wie man pokert«, erzählt Erlemann später. Von da an wurde im Holzverschlag täglich gezockt. Als Johannes schließlich freigelassen wird, drückt ihm jener Kidnapper sechs 100-Mark-Scheine des Lösegeldes in die Hand. Es war das Geld, das der Junge während seiner Gefangenschaft beim Pokern gewonnen hatte.

Nina von Gallwitz, 8 Jahre

Zynischer kann man eine Lösegeldforderung kaum formulieren: »Was ist euch eure Tochter wert?«, fragen die Kidnapper der kleinen Nina deren Eltern zunächst, bevor man sich dann auf 1,5 Millionen D-Mark festlegt. Fünf Monate bleibt das Mädchen in der Gewalt der Täter, von denen bis heute jede Spur fehlt.

Am Morgen des 18. Dezember 1981 wird Nina auf dem Weg zu ihrer Schule in Rodenkirchen entführt. Die Eltern erhalten zum Beweis eine Haarspange ihrer Tochter per Post. Drei Lösegeldübergaben schlagen fehl, der Polizeipräsident geht bereits davon aus, dass das Mädchen tot ist. Aber neue Hoffnung keimt auf, als sich der Journalist Franz Tartarotti der Sache annimmt, ein Mann, der zwei Jahre zuvor bereits bei der Kronzucker-Entführung vermittelt hatte. Beim vierten Versuch läuft alles glatt. Tartarotti steht in ständigem Kontakt mit den Tätern und wirft die Geldtasche gemäß deren Anweisungen aus einem fahrenden Zug.

Die kleine Nina kommt nach 149 Tagen frei. Weil ihre Achillessehnen während der fast bewegungslosen Gefangenschaft gelitten haben, kann sie zunächst kaum stehen. Auf die Frage, wie sie die Zeit der Gefangenschaft, der Langeweile und Verzweiflung zugebracht habe, sagt sie: mit Zeichnen und dem Lösen selbstgestellter Mathematikaufgaben.

Die Grüngürtelschule in Rodenkirchen (1963)

Kölner Entführungsfälle

Bereits 1977, im »Deutschen Herbst«, wurde Arbeitgeberpräsident Hanns Martin Schleyer in Köln entführt. Die RAF sollte ihn sechs Wochen später ermorden. Ebenfalls 1981 – im Jahr der Entführungsfälle Erlemann und von Gallwitz – überfällt ein 20-jähriger Nachwuchskrimineller aus Erftstadt eine Kölner Sparkasse. Bei der Annäherung an den Tatort zeigt er sich außerordentlich kompromisslos: Er jagt den Wagen durch die Glasfront des Geldinstituts und macht erst kurz vor dem Schalter halt. Thomas Drach, so der Name des Verbrechers, wird samt seinem Komplizen (Bruder Lutz) bald darauf geschnappt. Man verurteilt ihn zu siebeneinhalb Jahren Gefängnis. Seine kriminelle Karriere ist damit jedoch längst nicht beendet. Am 25. März 1996 wird jener Thomas Drach den Hamburger Soziologen, Tabak-Erben und Millionär Jan Philipp Reemtsma entführen – Auftakt für einen der spektakulärsten Kriminalfälle der bundesdeutschen Nachkriegszeit.

1982

» Die Zeitschrift *Viertel Vor* zum 20. Geburtstag des Blue Shell 1999:
»Seit seiner Eröffnung war das Blue Shell immer auch ein Platz für Exoten, verbiegen musste sich hier nie jemand. Zeitgleich prallten die unterschiedlichsten Fraktionen aufeinander: Teds, Punks, Psychos, Rocker und Skins, Schizos und andere Großstadtindianer. Und mitten drin die Spex-Redaktion, die Anfang der Achtziger ihre Redaktionssitzungen ins Shell ausweitete.«

Bilderbuch Köln

Das Luxor mit Stuhl und Kombi (1991)

Live, locker, losgelöst

Die Luxemburger Straße zwischen Punk und New Wave

Wer heute zu einem der beliebten Independent-Konzerte ins Luxor geht, dürfte sich wundern, welche Band hier 1982 als erste auf der Bühne stand. Dass es ein karnevalesker 11.11. ist, an dem man diese Premiere feiert, führt auf die richtige Spur. Denn es sind die Bläck Fööss, die Kölns berühmtem Liveschuppen zum ersten Mal richtig einheizen. Der Club hatte zuvor schon andere Namen getragen. Aus dem Big Apple wurde das Keks, und das Luxor selbst verwandelte sich 1997 für elf Jahre zum Prime Club, bevor es wieder auf seinen angestammten Namen hören durfte.

Eigentlich logiert dieser Laden an einer ausgesprochen unwirtlichen Ecke. Hier treffen die Luxemburger, die Pfälzer, die Mosel- und die Hochstadenstraße aufeinander, hier zerreißt eine KVB-Trasse den geografischen Zusammenhang, und obendrein kreuzt ein paar Meter weiter eine Bahnbrücke das Terrain. Vielleicht gerade deshalb entsteht an diesem Ort um 1980 herum eine von Kölns musikalisch interessantesten und lebhaftesten Szenen. Bereits 1979 hat 20 Meter links vom Luxor das Blue Shell seine Pforten geöffnet. Aus dem bürgerlichen »Haus Robertz« ist ein neonblauer Aventgardeschuppen geworden, in dem sich Punks, Teds und Rocker per Handschlag bzw. mit der Faust begrüßen. Als im Laufe der 80er dann auch noch direkt gegenüber der Rose Club und – ein wenig weiter an der Zülpicher – die Chaos-Krach-Punk-Kneipe Station aufmachen, mutiert das Viertel endgültig zu einer Art Bermudadreieck für unabhängige, zeitgenössische und vor allem: laute Musik.

Die Station ist heute Geschichte, ähnlich klingende Kneipen an gleicher Stelle (zu Füßen des Südbahnhofs) verfolgen ein völlig anderes, befriedeteres Konzept. Das Luxor, der Rose Club und die unverwüstliche Bar zur Blauen Muschel jedoch setzen die Luxemburger bis heute unter Strom.

» Guy Helminger, ehemaliger Kellner der Station, in seinem der Kneipe gewidmeten Roman »Die Ruhe der Schlammkröte«:

»Der Frühling kam und mit ihm die Freaks. Die Toten schienen aus ihren Löchern zu kriechen, schneebedeckte Kaltblüter, die ihre abgemagerte Haut an der Heizung wärmten und dabei ihre Triebe entdeckten; Halbirre, denen der Schnee das Gehirn zermatscht hatte und die mit dem ersten Sonnenstrahl die Welt nicht mehr verstanden und sich in ihre eigene zurückzogen. Sie standen vereinzelt an der Theke oder an den Tischen, sprachen mit sich selbst oder mit ihren Getränken, vollführten Voodootänze vor den Wandspiegeln oder brüllten sinnloses Zeug durch die Gegend.«

Bilderbuch Köln

Die Bar zur Blauen Muschel an der Luxemburger (2010)

1983

»Eimol em Johr kütt d'r Rhing us em Bett«

Doppel-Hochwasser und Gottestracht

Altstadt-Hochwasser im Mai 1983

Ein Jahr, zwei Überschwemmungen

»Wer vom Rhein lebt, muß sich auch gefallen lassen, daß er ihm zuweilen durchs Fenster kommt«, schrieb der rheinische Dichter Ferdinand Freiligrath (1810–1876) einst. In Unkel am Rhein lebte er damals, der Mann musste es also wissen. Ganz ähnlich schienen das jahrhundertelang die Kölner zu sehen, taten sie doch recht wenig gegen die immer wiederkehrenden Überschwemmungen vor allem der Altstadt. »Et hät noch immer jotjejange«, sagte man sich nach glimpflich verlaufenen Perioden. Aber dann kommt es eben doch immer wieder anders. 21 Mal klettert der Rhein im 20. Jahrhundert über die Neun-Meter-Marke, während sein Normalstand bei 3,48 Meter liegt.

Ein ausgesprochen seltenes Phänomen erleben die Kölner hingegen 1983. Zum einen trifft es die Stadt in diesem Jahr gleich zwei Mal. Und zum anderen nicht zum Winterende, sondern in der Kurve zwischen Frühjahr und Sommer. Mit 9,84 Meter überschwemmt der Fluss die Altstadt Mitte April. Und kaum hat man nach dem Rückgang des Wassers mit den ersten Aufräumarbeiten begonnen, da kommt es auch schon wieder. Am 30. Mai steigt der Rhein noch einmal zwölf Zentimeter höher und verseucht die alten Häuschen mit seiner damals noch extrem dreckigen Brühe vollends.

Schuld daran, so die Fachleute, sind vor allem zwei Faktoren: zum einen der nicht enden wollende Regen jener Wochen und zum anderen die Gleichzeitigkeit der Hochwasserspitzen von Rhein und Mosel. »Ein Phänomen, das nur alle tausend Jahre einmal auftritt«, so Klaus Krüger, Chef der Wasser- und Schifffahrtsdirektion Südwest. Gezielte Gegenmaßnahmen beginnen erst Ende der 90er-Jahre. Hunderte Millionen Euro werden in Mauern, mobile Aufbauten und Schutztore investiert, um die Altstadt überflutungssicher zu machen. Und bis zum Beweis des Gegenteils singen wir weiter mit den Bläck Fööss:

»Einmol em Johr kütt d'r Rhing us em Bett,
nämlich dann wenn hä Huhwasser hätt.
Un dann freuen sich de Fesch, dat es doch klor,
denn dann han se widder Sauerstoff et eetste mol em Johr.
Un dann freut sich och d'r Minsch, dat es doch klor,
denn dann stink et nur noch hallef esu vill et eetste mol em Johr.«

»

***Die Zeit* zum Hochwasser 1983:**

»Die beiden Hechte, die ein Hotelier in der Kölner Altstadt vor der Haustür fing, möchten sich ja freuen, dass sie mit dem Leben davonkamen, sie wurden wieder in den Fluß geschüttet. Auch bei neun Meter achtzig Hochwasser ist der Rhein eine Chemiebrühe, deren Bewohner niemand in der Bratpfanne haben will. (…)Warum ist gerade die Altstadt von Köln so schlecht gesichert, warum ist hier das Mäuerchen so niedrig, dass kleine Kinder darauf balancieren können?«

Der Rhein in Blau (2011)

Bilderbuch Köln

SINTFLUT 1784

Das verheerendste je gemessene Rheinhochwasser ereignete sich im Jahr 1784. Am 28. Februar wurden 13,55 Meter gemessen, selbst Deutschlands mächtigste Stadtmauern hielten dem nicht Stand. Losgelöste Eismassen zerdrückten sämtliche Rheinschiffe und planierten die Uferhäuser. Das rechtsrheinische Mülheim wurde komplett zerstört, insgesamt starben über 60 Menschen. Bis heute zeugen diverse Hochwassermarken von dieser Sintflut, zum Beispiel über dem Portal von Maria Lyskirchen, am Chor der Elendskirche St. Gregor und an der Schmitz-Säule vor Groß St. Martin.

1983

Bilderbuch Köln

Gottestracht-Armada am Niederländer Ufer in Riehl

Land unter in Mülheim – die Gottestracht fällt ins Wasser

Eine Folge des Doppelhochwassers 1983: In Mülheim wird die Gottestracht abgesagt. Nach der ersten Schwemme hat man noch gehofft, gebangt und vielleicht gebetet. Mit der zweiten Flut jedoch ist all das vergebens, der Schiffsanleger ist nicht begehbar. Die Prozession fällt also – im wahrsten Sinne des Wortes – ins Wasser.

1307 ist in Köln das Fronleichnamsfest eingeführt worden. Warum man es in Mülheim spätestens im 16. Jahrhundert zu einer Land-Schiffs-Prozession erweitert, dafür existieren mehrere Erklärungen. Zum einen ist da die auch andernorts verbreitete Geschichte vom Kirchendieb, dessen Fluchtboot in der Flussmitte von geheimnisvoller Hand festgehalten wird. Ebenfalls per Schiff werden die sichergestellten Sakralschätze zurückgebracht. Und Gott zum Danke wird aus der einmaligen Rettungsaktion eine populärreligiöse Dauereinrichtung.

Profaner hingegen die Herleitung der Prozession aus der Mülheimer Alltagshistorie. Hier lebte man seit Urzeiten vom Wasser, das Fische lieferte, Mühlen antrieb und Handelsschiffe beförderte. Also lag es nah, den Tag des Leibes Christi auch auf dem Wasser zu begehen.

Schon vor 1983 ging manchmal etwas schief: 1821 stießen zwei Segelschiffe zusammen, wonach einer der Kapitäne aus dem Rhein gefischt werden musste. Im Jahr darauf erlitten zwei Personen Verbrennungen, als sich das Pulver ihrer Gottestrachtböller unkontrolliert entzündete. 1899 wiederum rammte ein Begleitdampfer die damals noch »fliegende« Brücke und überfuhr ein Kleinschiff, dessen Passagiere jedoch alle gerettet wurden.

Zwischen 1940 und 49 hingegen gab es zu Fronleichnam keinerlei festlich geschmückte Schiffe auf dem Rhein. Zunächst die Nazis und dann die alliierten Besatzer untersagten das Spektakel.

Aber Gottesdienst geht natürlich auch ohne Gottestracht. 1983 organisiert man schließlich ersatzweise einen großen Gottesdienst vor St. Clemens, der alten Schifferkirche am Rheinufer. Ironie der Geschichte: Die Messe findet bei strahlendem Sonnenschein statt.

Das Fest auf einer Postkarte von 1900 (oben); Geleitschiffe des Jahres 1955 (rechts)

1984

Das ehemalige Tom-Tom

Die Kießling-Affäre

»Jürgen von der Bundeswehr« trank gerne Doornkaat-Cola

Die Welt des Vier-Sterne-Generals und stellvertretenden NATO-Oberbefehlshabers Günter Kießling geht am 15. September 1983 unter. Da wird der bis dato unbescholtene Mann ins Verteidigungsministerium beordert und mit einem kruden »Vorwurf« konfrontiert: Er sei homosexuell, verkehre in zwielichtigen Kölner Schwulenkneipen und könne sein verantwortungsvolles Amt unmöglich weiter ausüben. Obwohl der gebürtige Brandenburger all dies leugnet, stimmt er der Forderung seines obersten Vorgesetzten, CDU-Verteidigungsminister Manfred Wörner, zu. Kießling lässt sich für den Verlauf der Untersuchungen krankmelden.

Was in der Folge geschieht – geheim wie öffentlich –, trägt alle Zeichen einer gesellschaftlich verwurzelten Homophobie. Zugleich jedoch nimmt hier eine ermittlungstechnische Farce ihren Lauf. Einer der Läden, in denen Kießling regelmäßig aufgekreuzt sein soll, ist das schwule Szenelokal Tom-Tom. Der Schuppen in der Hühnergasse zwischen Heu- und Alter Markt hieß später lange Le Carussel. Personal und Gäste wollen den Vier-Sterne-General Kießling an der Theke gesichtet haben. Nach Vorlage von Fotos durch den MAD und die Kölner Kripo behaupten sie, der Mann stelle sich hier als »Jürgen von der Bundeswehr« vor. Nachforschungen der Presse und Debatten im Bundestag ergeben jedoch bald, dass sich Halbwahrheiten mit blankem Unsinn mischen. Schließlich meldet sich auch noch der lang gesuchte »Jürgen«. Im Tom-Tom trinkt er gern Doornkaat mit Cola, und irgendwann einmal hat er als Wachmann für ein Munitionsdepot gearbeitet. Um ihn mit Kießling zu verwechseln, muss man allerdings mehr Doornkaat als allgemein zuträglich getrunken haben: Jürgen ist nicht nur jünger, größer und dicker als der General, sondern trägt im Gegensatz zu Letzterem auch noch einen Schnäuzer.

Und dennoch: Die Karriere des Generals ist zerstört. Seinen Hut nehmen muss nicht der bigotte Herr Minister, sondern Günter Kießling. Im März 1984 wird er »ehrenhaft« entlassen, so ehrenhaft, dass man ihn zum Bundeswehrjubiläum 1985 als einzigen Vier-Sterne-General nicht einlädt. Manfred Wörner hingegen steigt drei Jahre später zum NATO-Generalsekretär auf.

Im Laufe der Kießling-Affäre sind viele Fragen gestellt und beantwortet worden. Nur eine nicht, die da lautet: Warum darf ein Vier-Sterne-General eigentlich nicht schwul sein?!

Der heutige Hühnerfranz in der Hühnergasse im Jahr 1970

Verteidigungsminister Wörner (rechts) beim Großen Zapfenstreich für General Kießling (links) am 26. März 1984

Das Polizeipräsidium am Waidmarkt 1958

EIN RP AUF DER KLAPPE

Schon knapp 20 Jahre zuvor hatte Köln seinen ersten großen »Homosexuellen-Skandal« erlebt. Damals im Mittelpunkt: Der seit 1958 amtierende Regierungspräsident der Domstadt, Franz Grobben (CDU). Am 8. Juni 1966 brach eine Sondereinheit der Polizei kurz vor Mitternacht zu einer Razzia am Waidmarkt auf. Ihr Ziel war eine jener unterirdischen öffentlichen Toiletten, die des Nachts zu geheimen Treffs der Schwulenszene mutierten. Als man den prominenten Besucher der »Klappe« schließlich identifizierte, war klar, dass hier ein größeres öffentliches Aufsehen drohte. Damals existierte noch der »Homosexuellenparagraf« 175 StGB, Sexualverkehr unter Männern war strafbar. Die Ermittlungen gegen Grobben unter Verschluss zu halten, misslang jedoch. Also trat auch er »krankheitsbedingt« zurück. Franz Grobben starb am 8. Juni 1994, drei Tage bevor der Bundestag den § 175 endgültig aus der deutschen Gesetzgebung verbannte.

1984

Stunker und Geister

Alternativer Karneval im Saal und auf der Straße

Geisterchef »Ähzebär« erkennt im ersten Geisterzug vom 29.2.92 eine göttlich-kölsche Fügung:
»Das Datum war günstig: Karnevalssamstag war ein Schalttag, also zwischen den Zeiten. Zahlenmystiker erkennen in der harmonischen Ziffernfolge 2-9-2-9-2 schnell die Zahl der Jecken und der Kölner Jungfrauen: 2 + 9 = 11.«

Der erste »Geisterzug« fand noch im Hellen statt. Seinen Namen bekam er erst im Folgejahr 1992.

1984

Kritik statt Kuschelreim

Das Stunksitzungs-Ensemble in den 80ern

Was da am 26. Februar 1984 über die Sudios der Alten Mensa geht, bringt frischen Wind in die Kölner Karnevalswelt: Die Stunksitzung will den Fasteleer zu seinen lange verschütteten Wurzeln zurückführen. Freche Sketche statt ellenlange Einmarsch-Orgien, Kritik statt Kuschelreime, aber auch: eine anarchische Albernheit, die sich bald in Highlights wie dem Kitchen-Climbing manifestiert.

Die Ursuppe der Stunksitzung ist der »Kölner Spielecircus«, der 1982 während eines Streiks von Studenten der Sozialpädagogik aus der Taufe gehoben wird. Schon damals mit dabei: Jürgen Becker, der dann als »Irokesen-Heinz« bis 1995 Präsident der alternativen Sitzung bleiben wird. Stunker der ersten Stunde sind auch Martina Bajohr und Didi Jünemann, während die Hausband Köbes Underground erst seit 1988 mit von der Partie ist.

Gerade einmal drei Sitzungen sind es, mit denen man im Orwell-Jahr startet. Aber die Chose wird zum Dauerbrenner. Annähernd 50 000 Menschen besuchen inzwischen die Aufführungen im E-Werk. »In all den Jahren«, so heißt es stolz auf der Website, »hat es noch keine Stunksitzung gegeben, die nicht ausverkauft war.«

EINE BANDGENESE:
Der Name der Stunksitzungs-Hausband entwickelte sich chronologisch von »The Dead Lambsdorffs« über »Schwester Christa und die Brinkmänner« und »Elmar goes to Lüdenscheid« zu »Köbes Underground«.

Werfen einstellen!

Decke Trumm zur Geister-Stunde

»D'r Ähzebär kütt«

1991 wechseln die Stunker wegen der explodierenden Nachfrage von der Studiobühne an der Universitätsstraße ins Mülheimer E-Werk. Es ist das Jahr des Zweiten Golfkriegs, ausgelöst durch den irakischen Überfall auf Kuwait, den die USA mit einem Militärschlag beantworten. Weil dieser Krieg auch in Deutschland Polizeikräfte bindet, kann der Straßenkarneval angeblich nicht mehr ausreichend mit Beamten bestückt werden. Zweites Argument des Festkomitees: Man dürfe »in Kriegszeiten nicht so ausgelassen feiern wie sonst«. Also werden – kein Novum in der Geschichte – sämtliche Umzüge abgesagt.

Aber nicht alle Kölner fügen sich in die närrische Askese. Stattdessen verbinden sie ihren Feierwillen mit Antimilitarismus und versammeln sich genau am Rosenmontag zu einer Anti-Golfkriegs-Demonstration. Wie der Stunksitzung gelingt es auch dem zunächst kleinen Haufen um »Ähzebär« Erich Hermans, die Tradition zugleich zu sprengen und zu erneuern. Über Zigtausend friedensbewegte Jecke marschieren schließlich von der Innenstadt bis zur Agneskirche.

Und wie das in Köln so ist: Was gerade noch ein Experiment war, gehört im nächsten Jahr schon zum Brauchtum. Der erste richtige Geisterzug im Jahr 1992 zählt bereits 10 000 Teilnehmer und rund 50 000 Zuschauer entlang des Wegs.

ROSA UND RÖSCHEN

Den Stunkern folgen in den nächsten Jahren diverse andere alternative Sitzungen nach. Die größten Wellen schlägt jedoch eine, deren treibenden Kräfte Hella von Sinnen, Georg Uecker, Dada Stiefermann und Ralph Morgenstern heißen. Statt des Elferrats haben sie ein »Sixpäck«, statt Alaaf oder Helau rufen sie »Aloha«, und ihre Funken kommen in schreiendem Pink daher: Die 1995 erstmals inszenierte Rosa Sitzung ist ein Produkt der großen schwul-lesbischen Gemeinde in der Domstadt. Zehn Jahre lang läuft alles bestens, Schlagerstars wie Gitte, Vicky Leandros und Michael Holm sind stolz, diese Bühne betreten zu dürfen. Dann jedoch dreht der bis dato übertragende WDR den Geldhahn zu, und es ist Schluss mit lustig. Die Alternative der Alternative wird dann wieder ein bisschen kleiner und kesser. Und heißt: Röschen Sitzung.

1985

Freiheitskämpfer Petermann

Petermanns letzter Ausflug

Petermann als Zoowärter

Im Oktober erschüttert ein Überfall die Stadt. Es geht um Petermann, den Affen. Am 10. des Monats steht seine Käfigtür offen, er schlägt einen Wärter nieder und beißt den Zoodirektor fast tot, bevor er selbst erschossen wird. Der Fall hat eine tragische Vorgeschichte, denn einst war Petermann ein Star. Er fährt Motorrad, trägt die Uniformen der Kölner Karnevalsgesellschaften und wünscht dem deutschen Fernsehvolk an Silvester 1952 ein frohes neues Jahr.

Im Alter von zehn Jahren jedoch gilt Petermann als geschlechtsreif und fortan als gefährlich. Schwer verhaltensgestört, schwankt der Schimpanse zwischen Depression und Tobsucht. Als er beginnt, Zoobesucher mit Kot zu bewerfen, trennt man ihn durch eine massive Glasscheibe von seinem einstigen Publikum. Die folgenden 27 Jahre vegetiert er dahin. Selbst Susi, der ihm zugesellten Schimpansendame, verweigert er jede Aufmerksamkeit. Mit seinem Tod schafft er es nach langer Zeit wieder einmal in die Schlagzeilen. Und was danach beginnt, ist die Geburt einer kölschen Legende. Petermann habe, als die Kugeln ihn trafen, die linke Faust in den herbstlichen Himmel gereckt, erzählt man sich. Die geschundene Kreatur wird zum Freiheitshelden – augenzwinkernd, versteht sich. Bald liest man kämpferische Sprüche an Kölner Hauswänden: »Petermann, geh´ du voran!« Oder: »Petermann lebt!« Und wie heißt dann 1989 der erste Meister von Kölns Bunter Liga? Richtig, Petermann Stadtgarten.

Der Affe und das Pferd

Tierischer Stress zwischen Zoo und Heumarkt

Das intakte Denkmal mit Domblick (1895)

Sockel ohne Pääd am Heumarkt (2008)

Labusgas Pferd beim Transport zum Heumarkt 1985

Vergaloppiert: Das Pferd vom Heumarkt

Nachdem das Reiterstandbild Friedrich Wilhelm III. 1943 von einer Bombe gestürzt worden war, kam es ewig nicht mehr auf die Beine. In den 50ern beschließt der Rat gar, die Bronze einzuschmelzen. Verschont werden nur der Königskopf und der Hintern des Pferdes. »Ungerm Stätz« sollen sich einst die Kölner Liebespärchen getroffen haben, und bis in die 80er hinein ist der Schweif auch das Einzige, das die Kölner vom Preußendenkmal zu sehen bekommen. Im November 1985 jedoch tritt der Bildhauer Herbert Labusga auf den Plan. In der Nacht nach der Eröffnung der Art Cologne postiert der gebürtige Schlesier die komplette Reiterfigur samt Pferd auf dem verwaisten Sockel. Weil sie zu 100 Prozent aus Styropor besteht, hat das Ganze lediglich 10 000 Mark gekostet.

Herbert Labusga hat sich am Rhein inzwischen mehrfach verewigt, etwa mit der Ostermann-Figur am Rathausturm. Auch die Geschichte seines Styroporregenten könnte man positiv enden lassen. Denn Labusgas Nacht-und-Nebel-Aktion sorgt tatsächlich dafür, dass die Sache vorangeht. 1990 steht der König, ganz aus Bronze, wieder auf seinem Postament. 2001 allerdings müssen die Pferdebeine eingerüstet werden und verbleiben in diesem Zustand über Jahre. 2007 verschwindet dann direkt die gesamte Konstruktion im Depot – wegen Baufälligkeit. Wieder einmal ist der Sockel leer …

1986

Sprechen, Trinken, Sein

Kölsch wird zur geschützten Marke

Obergärige Biere (wie Kölsch) sind umstandsloser zu brauen als untergärige (wie Pils), sie verlangen nach weniger Technik. Heutzutage mag man glauben, dass in Köln schon immer Kölsch getrunken wurde. Aber das ist historisch nicht zu belegen. Mittelalterliches Grutbier etwa enthielt nicht nur Hopfen, sondern alle möglichen Gewürze. Während Kölsch heute laut Konvention »blank« zu sein hat, war die Filtrierung in alter Zeit weitaus weniger gründlich. Man trank sein Obergäriges »wieß«, also naturtrüb. Und wer sich Kölner Kneipenfotos aus der ersten Hälfte des 20. Jahrhunderts ansieht, findet über den Fenstern alle möglichen Bierreklamen, aber keine für Kölsch. Schon 1906 allerdings bewarb die Sünner Brauerei ihr Helles mit dem Slogan »Echt Kölsch«. Hier war also ein Bier geboren, das seine Herkunft im Namen trug. Es dauerte jedoch bis nach dem Zweiten Weltkrieg, dass sich die Idee bei den Kölner Brauern durchsetzte. Unter der Regie des visionären Braumeisters und Brauereichefs Hans Sion wird »Kölsch« ganz allmählich zum Markennamen. In den 1960ern hat sich die Bezeichnung flächendeckend verbreitet. Nun kann man Kölsch nicht nur sein und sprechen, sondern auch noch trinken.

Gut so. Aber den Brauern noch lange nicht genug! Um die Exklusivität ihres Produktes weiter zu erhöhen, verabschieden sie im März 1986 die sogenannte »Kölsch-Konvention«. Seitdem ist klar definiert, was das hiesige Bier ausmacht und wer berechtigt ist, es herzustellen. Der nächste und bislang letzte Schritt zur Edelmarke wird schließlich Ende 1997 getan. Die Europäische Union erhebt Kölsch in den Rang einer »geschützten regionalen Spezialität«. Das eigentlich eher schlichte Getränk befindet sich nun also auf einer Stufe mit Chianti, Bordeaux und Champagner.

Kölschwerbung um 1930

WAS IST KÖLSCH?

Die Kölsch-Konvention legt fest:
Kölsch ist ein

- nach dem Reinheitsgebot hergestelltes
- in Köln gebrautes
- helles
- hochvergorenes
- hopfenbetontes
- blankes
- obergäriges
- Vollbier.

Jan-von-Werth-Gaststätte an der Christophstraße (1956): Hier wird noch für Bitburger und Dortmunder Union geworben, bevor Gaffel Kölsch dran ist

Bilderbuch Köln

Hier trinkt gerade: Er

ER TRINKT / SIE TRINKT

Es ist das vielleicht schönste Wahrzeichen des Kölner Obergärigen: das Reissdorf-Pärchen am Rudolfplatz. Die 1968 installierte Leuchtreklame zeigt abwechselnd einen Mann und eine Frau im Seitenprofil. Der Mann mit seinem leichten Bauchansatz ist Fliegenträger, trinkt mit geschlossenen Augen und lächelt dazu selig. Sein weibliches Pendant ist hingegen mit einem Rock und Stöckelschuhen ausgestattet, in die Stirn fällt ihr eine freche Locke. Während sie ihre Kölschstange zum Mund führen, füllt sich ihr Körper komplett mit Flüssigkeit, bevor das jeweils andere Geschlecht wieder an der Reihe ist. Lichttechnisch verwirklicht wird das Ganze mittels von unten nach oben aufleuchtender Neonröhren. Wie viel die beiden aber mittlerweile in sich hineingekippt haben – niemand hat es je gemessen. Inzwischen steht das zechende Paar sogar unter Denkmalschutz.

Der § 1 der Kölsch-Konvention lautet:

(1) Die Bezeichnung »Kölsch« ist eine qualifizierte geografische Herkunftsbezeichnung.

(2) Die Bezeichnung »Kölsch« darf nur für nach dem Reinheitsgebot hergestelltes helles, hochvergorenes, hopfenbetontes, blankes obergäriges Vollbier verwendet werden, das innerhalb des Herkunftsbereichs von »Kölsch« hergestellt wird und dem dort herkömmlich und unter der Bezeichnung »Kölsch« hergestellten und vertriebenen obergärigen Bier entspricht. Der Herkunftsbereich von Kölsch ist das Stadtgebiet von Köln.

Bilderbuch Köln

1986

Die junge Trude umringt von Fans

Hilde Schmitz, Vorsitzende des Trude-Herr-Fanclubs und Schauspielerin:

»Für mich ist Trude Herr ein Star – aber so wie ein Stern am Himmel. Man kann die Erinnerung zum Leuchten bringen. Auf der Bühne kann ich versuchen, ihr nachzueifern. Aber die Trude war einmalig, erreichen wird man so eine Frau nie!«

Kölsche Theater, kölsche Sproch

Trude, Willy und das Hänneschen

Trude Herr verlässt das Vringsveedel

»Ich will keine Schokolade« ..., sondern eine eigene Bühne: Am 9. September 1977 eröffnet Trude Herr mitten auf der Severinstraße ihr »Theater im Vringsveedel«. Die inzwischen 50-Jährige ist keine Unbekannte, als sie sich zur Ensemblechefin aufschwingt. Im Gegenteil: Ganz Deutschland kennt ihr Gesicht, ihren rheinischen Akzent und ihre derb-komische Art. Sie hat in zahllosen Schmonzetten und Heimatfilmchen mitgespielt, Titel wie »Drillinge an Bord« (1959), »Unsere tollen Tanten« (1961) oder »Im singenden Rössl am Königssee« (1963) sprechen für sich.

Mit der Neueröffnung im Herzen der Südstadt setzt sie einen Kontrapunkt zu ihrem alten Mentor Willy Millowitsch, der seit 1936 an der Aachener Straße residiert. Während der kölsche Patriarch dort die hundertste Variante des »Etappenhasen« auf die Bühne hievt, versucht sich Trude Herr an einem zeitgenössischen Volkstheater. Ihre Stücke schreibt sie selbst, sie inszeniert sie und spielt die Hauptrollen. Bis 1986 läuft das mal besser, mal schlechter. Dann fällt der letzte Vorhang, Trudes Gesundheit ist bereits arg ramponiert. Sie verlässt ihre Heimatstadt, flieht auf die Fidschis, kommt wieder und nimmt zwischendurch – mit Unterstützung von Niedecken, Köster, Engel & Co. – eine Platte auf. Niemand ahnt bei der Veröffentlichung, dass darauf ein zukünftiger Evergreen zu finden sein wird. Nach dem trotzig-albernen »Ich will keine Schokolade« (1959) wird er Trude Herrs zweiter großer Hit, ein Vermächtnis, das bis heute auf vielen Kölner Beerdigungen angestimmt wird: »Niemals geht man so ganz«.

Heute Odeon-Kino, früher Trude Herrs Theater (1987)

1986

Das Hänneschen am Eisenmarkt

Auch für die Stockpuppen um Hänneschen und Bärbelchen ist das Jahr 1986 von einiger Bedeutung. Das Theater am Eisenmarkt wurde runderneuert, und mit dem neu gegründeten »Förderverein der Freunde des Kölner-Hänneschen-Theaters e. V.« erwächst der Stockpuppenbühne eine wichtige Stütze. Vorläufer des Hänneschen-Theaters reichen bis ins frühe 19. Jahrhundert zurück, als der Bonner Schneider Johann Christoph Winters (1772–1862) den Antrag stellt, ein Krippenspiel für Kölner Kinder einzurichten. Um 1823, zur Zeit des ersten Rosenmontagszugs, spielen auf Winters' Bühne bereits all jene Figuren, die man bis heute kennt: von Hänneschen und Bärbelchen über den Speimanes bis zur Marizebell. Bevor die hölzerne Bande endgültig ihr heutiges Domizil am Eisenmarkt bezieht, liegen 17 Zwischenstationen auf dem Weg. Erstmals landet man 1938 am kölschen Iesermaat – eingebettet in einen großen Umzug, für den die halbe Stadt auf den Beinen ist. Nach dem Zweiten Weltkrieg vergehen einige Jahre, bis der Spielbetrieb in der völlig zerstörten Altstadt wieder aufgenommen werden kann. Und um hier noch einen weiteren stadtgeschichtlich interessanten Aspekt des Jahres 1986 zu notieren: Bei der Hänneschen-Kirmes jenes Jahres treten die 1972 gegründeten Höhner erstmals mit ihrem neuen Sänger auf: einem 29-jährigen Leverkusener namens Henning Krautmacher.

ÜBER BANDE GESPIELT: KÖLSCHER THEATER-KLÜNGEL

Die kölschsprachigen Theater sind eng miteinander verbandelt. Trude Herr spielte bereits Ende der 1940er-Jahre auf der Millowitsch-Bühne. Sie und Willy standen in Spielfilmen gemeinsam vor der Kamera, und von 1970 bis 1976 inszenierte sie ihre Stücke mit ihrem eigenen Ensemble im Millowitsch-Theater. Bis es zu Konflikten kam und sie ihr eigenes Theater gründete.

Auch zwischen den Millowitschs und Hänneschen-Gründer Winters existieren historische Parallelen. Denn als sich dessen erste Erfolge einstellten, traten natürlich auch Konkurrenten auf den Plan. Und deren talentiertester hieß Franz Andreas Millowitsch. Bis zum Ende des 19. Jahrhunderts setzte die Familie ausschließlich auf Puppen, bevor man ab 1894 allmählich begann, Schauspieler aus Fleisch und Blut auf die Bühne zu stellen.

Die Puppenspiele am Eisenmarkt (links, 1966); das inzwischen versetzte Willy-Millowitsch-Denkmal vor dem Theater (unten)

Peter Ulrich (1970–2013 am Hänneschen engagiert) analysiert den Schäl, den er 16 Jahre lang führte:

»Das ist der halbgebildete, sich intellektuell gebärdende Angeber. In den Stücken ist er der Dreh- und Angelpunkt der Geschichte. Für seine finsteren Pläne sucht er sich immer wieder neue Komplizen, im Idealfall die dümmsten seiner Zeitgenossen. Der Manes hilft ihm für ein paar gute Worte, der Tünnes für ein Kölsch. Aber letztlich muss er scheitern, das ist unsere Moral, das Märchenhafte. Im wirklichen Leben gewinnen die Schäls.«

Der Hänneschen-Brunnen Im Dau/Severinsviertel

1986

Ein Architektenduo, zwei Großprojekte

Museum Ludwig und Philharmonie laden zur Doppelpremiere

Die Dom-Umgebung noch ohne Museum Ludwig und Philharmonie (1955)

Der Böll-Platz mit nacktem David im Jahr 2007

In der Philharmonie wird's langsam voll.

1986 ist das Jahr des Architektenduos Peter Busmann und Godfrid Haberer. Innerhalb weniger Tage feiern zwei ihrer bedeutendsten Projekte Eröffnung. Den Anfang macht am 6. September das Museum Ludwig. Acht Tage später folgt, nur einen Steinwurf entfernt, die Philharmonie. Beide Bauten bestechen nicht nur durch ihre gelungene Architektur, sondern auch durch ihre räumliche Qualität. Und darüber hinaus erfreuen sich die Besucher auch an dem, was hier ab sofort präsentiert wird.

Das Museum über dem Rhein verdankt sich einem Schenkungsvertrag des Jahres 1976. Peter und Irene Ludwig, die Schokoladenmillionäre, vermachen ihre Sammlung moderner Kunst der Stadt Köln. Diese wiederum verpflichtet sich, den Werken ein würdiges Ambiente zu schaffen. In den ersten Jahren spricht man in Köln noch vom »Doppelmuseum«, denn auch ein Teil der Sammlung Wallraf bekommt zunächst im Neubau eine separate Abteilung. 2001 jedoch ziehen die Gemälde in ihr eigenes Haus – das ebenfalls neu errichtete Wallraf-Richartz-Museum. Das Ludwig hingegen wächst durch weitere Schenkungen und gilt heute als eines der weltweit bedeutendsten Museen zur Kunst des 20. Jahrhunderts.

Das erste Konzert in der Philharmonie bestreitet das Gürzenich-Orchester. Unter der Leitung von Marek Janowski wird die 8. Sinfonie von Gustav Mahler gegeben. Weil der Zuschauerzuspruch von Anfang an groß ist, schnell steigt auch die Zahl der Aufführungen. In die heutzutage rund 400 Konzerte strömen etwa 650 000 Besucher jährlich. Durchweg gerühmt wird die Akustik in dem einem Amphitheater nachempfundenen Saal. Um hier optimalen Hörgenuss zu garantieren, wurde der gesamte Innenraum mit amerikanischer Roteiche ausgeschlagen.

Friede, Freude, Eierkuchen, könnte man denken. Wenn da nicht ein kleines Problem wäre, das mit dem Dach der unterirdischen Philharmonie zu tun hat. Denn auf dem Heinrich-Böll-Platz wollen Pflaster und Pflanzen einfach nicht so zusammenwachsen, wie Landschaftskünstler Dani Karavan das vorgesehen hat. Und gleichzeitig stört der Publikumsverkehr oben die Akustik unten. Die Lösung ist weder elegant noch ästhetisch, sondern, nun ja, kölsch-pragmatisch: Wenn in der Philharmonie musiziert wird, ist der Böllplatz gesperrt.

1987

Südstadt verzäll nix

Die größte Hausbesetzung der Stadtgeschichte

»Macht Stollwerck zum Bollwerk« – so lautet eine der Parolen anno 1980, als die ehemalige Schokoladenfabrik besetzt wird. 600 vorwiegend junge Menschen ziehen am 20. Mai des Jahres in die verwaisten Hallen und bescheren der Stadt die größte Hausbesetzung ihrer Geschichte.

Aber sind die Stadtoberen darüber glücklich? – Natürlich nicht.

Die regierende SPD verteufelt die Besetzer, die sich jedoch schnell und zunächst auch produktiv an die Arbeit machen. Mit der Großaktion soll ein städtischer Freiraum gerettet werden. Sogar eine Musterwohnung entsteht, um zu demonstrieren, dass hier mehr möglich ist als die totale Demolierung.

Allein, es geht nicht allzu lange gut.

Zwar lenkt die Stadt kurzzeitig ein, aber dafür nehmen die Spannungen innerhalb der Aktivistengruppe zu. 49 Tage nach der Besetzung wird das Stollwerck geräumt und bald bis auf den Annosaal und die Maschinenhalle abgerissen. Hier jedoch blüht es noch sieben Jahre weiter, das subkulturelle Leben. Namen wie der des großen Kunst-Inszenators Ingo Kümmel, der Performanceartistin Angie Hiesl, des Kabarettisten Heinrich Pachl und des Experimentalmusikers Frank Köllges verbinden sich mit dieser Ära. Sie endet schließlich im April 87, als die letzten beiden Gebäude einer Tiefgarage weichen müssen. Geblieben von damals sind lediglich der zu Wohnungen umgebaute Anno-Riegel, ein Schornsteinsockel und Teile eines Räderwerks zwischen Anno- und Karl-Korn-Straße. Das »Bürgerhaus Stollwerck« hingegen ist in Wirklichkeit nie Teil der alten Schokoladenfabrik gewesen.

Demonstrationszug vom Rathaus zum Stollwerck am 20. Mai 1980. Danach wurde die Fabrik besetzt.

Abriss der Fabrik (Juli 1980)

Cornel Wachter, Künstler und Südstadt-Junkie, nahm als 18-Jähriger an den Stollwerck-Kämpfen teil:

»Wir waren keine Rebellen, sondern vernünftige Leute.«

Stollwerck-Fest zu Pfingsten

1987

Für die Performancekünstlerin Angie Hiesl war das Stollwerck ein geradezu mythischer Ort:

»Du warst unser Lebensraum, für einen Teil von uns ein Lebensgefühl. Dass Du ein Ort der Impulse und Anstöße, sogar eine unentbehrliche Quelle für die moderne Kunst warst, das konnten sie nicht begreifen, diese Großen, die Kunst, Leben und Wirtschaft so voneinander trennen, als hätte man für jeden dieser drei Aspekte ein eigenes Leben zu leben.«

Das Stollwerck im Sommer 1980: zwischen Feiern und Futtern, Kämpfen und Klampfen

Aus dem »Stollwerckleed« von BAP anno 1980:

»Ich weiß noch janz jenau wie alles ahnfing,
wie dä Schmu un Klüngel lossjing.
Zick däm ess einijes he passeet.
Et Resultat sinn jetz die Bagger,
dä städtische Vertröstungsmacker,
dä an ding Einsicht appelliert:
›Sanierung läuf halt so,
un ein Saach sowiesu:
Die Zukunf hal't och ihr nit op!‹«

1988

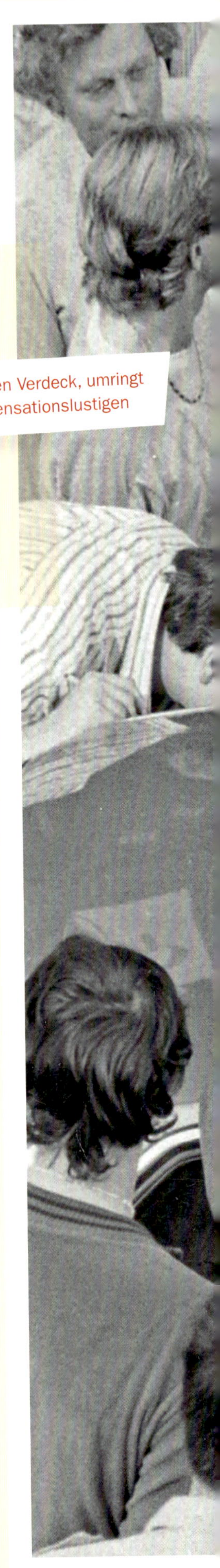

Rösner unterm offenen Verdeck, umringt von Reportern und Sensationslustigen

»Halten Sie ihr noch mal die Knarre an den Kopf«

Die Gladbecker Geiselnehmer in der Kölner Innenstadt

Der Fall ist bis heute unvergessen. Dieter Degowski und Hans-Jürgen Rösner überfallen am 16. August 1988 eine Bank in Gladbeck, nehmen Geiseln, kapern einen Linienbus und ermorden zwei junge Menschen: den 15-jährigen Emanuele di Giorgi und die 18 Jahre alte Silke Bischoff. Die dreitägige Odyssee der schwer bewaffneten Verbrecher hält die Republik in Atem und findet in Köln einen traurigen Tiefpunkt. Er habe den Dom sehen wollen, gab Rösner später zynisch zu Protokoll. Das Auto parkt mitten auf der verkehrsberuhigten Breite Straße. Fortan potenzieren sich die Fehler der Ordnungskräfte ebenso wie die Verfehlungen der Berichterstatter. Während Degowski der schreckensstarren Silke Bischoff permanent die Pistole an den Hals hält, wird das Fluchtauto von einer Menschenmenge umlagert. Zahllose Journalisten wetteifern um die besten Bilder und exklusivsten Interviews mit den Tätern. »Halten Sie ihr noch mal die Knarre an den Kopf«, fordert einer der zu spät gekommenen Fotografen. Die Presseleute behindern die Polizeiarbeit passiv wie auch aktiv, indem sie Degowski und Rösner Fotos von Polizisten präsentieren, die diese für einen möglichen Geiseltausch disqualifizieren sollen. Ein besonders niederträchtiger Reporter bietet sich schließlich als Lotse an, steigt in den BMW und führt die Täter zur nächsten Autobahnauffahrt. Gegen 12 Uhr endet das Drama auf der A3 nahe Bad Honnef im Kugelhagel der Polizei. Die zwischenzeitlich zugestiegene Komplizin Marion Löblich erhält später neun Jahre Haft, Degowski und Rösner werden zu lebenslangen Strafen verurteilt.

1991

»Jot Fründe kumme zosamme«

Der erste Christopher Street Day

Schnappschüsse der CSD-Parade 1992

1991

Rückblick: In der Nacht auf den 28. Juni 1969 stürmt die New Yorker Polizei eine Schwulenbar auf der Christopher Street. Die Razzia bringt das mit Diskriminierung, Willkür und Verfolgung gefüllte Fass zum Überlaufen. Mehrere Tage ziehen sich die Auseinandersetzungen zwischen Polizei und Homosexuellen hin, es kommt zu Schlägereien und Demonstrationen. Wenige Jahre später sind die Straßenumzüge zu einer alljährlichen Tradition geworden – der Christopher Street Day ist geboren.

Ende der 70er-Jahre landet das Phänomen auch in Deutschland. Der »Gay Freedom Day« rotiert zunächst durch verschiedene Städte in NRW, unter anderem in Köln. Die Sache schlägt ein, und mit Umzügen kennt man sich am Rhein ohnehin aus. Als man sich 1991 erneut um die Ausrichtung bewirbt, kommt die Idee auf, diese Party künftig alljährlich zu veranstalten. Das lila und rosa Volk der Domstadt gründet den »Kölner Lesben- und Schwulentag« (KLuST), der fortan die Organisation übernehmen wird. 1991 – im Jahr des ersten Geisterzugs – geht hier auch der erste CSD (bzw.: Cologne Pride) über die Bühne. Das kölsche Motto: »Jot Fründe kumme zosamme«.

Aus ein paar Tausend Teilnehmern und Zuschauern werden bald Hunderttausende. Und der zunächst reine, auf einen Tag begrenzte Umzug wächst sich zu einer über Wochen laufenden Veranstaltung aus. Neben Dutzenden kleineren Terminen steht der Cologne Pride auf drei tragenden Säulen: dem Altstadt-Straßenfest, der Aidshilfe-Gala und der großen Parade durch die Innenstadt am ersten Sonntag im Juli. Mit dem Wachstum kommen aber bald auch die ersten Probleme auf. Vielen Altaktivisten wird der CSD zu kommerziell, übers Schunkeln, Tanzen und Singen droht die politische Forderung nach umfassender Gleichberechtigung verloren zu gehen. Während dieser Kampf noch nicht entschieden ist, hat der Kölner CSD seine Vorherrschaft gesichert: Er gilt als der größte in ganz Europa.

Das Kölner »Centrum Schwule Geschichte« (CSG) weiß, was die Szene 1991 außerdem interessiert:

- Aus einem Pornokino in der Apostelnstraße wird das Gloria, ein Café und Veranstaltungsort nicht nur, aber vor allem für die schwul-lesbische Szene (u. a. Rosa Sitzung).
- 30. Mai: Erste Kölner Schwulenhochzeit: Mit dem Segen von Pater Norbert vom Orden der Mariaviten geben sich Reiner Sterzenbach und Uwe Hewald das Ja-Wort.
- 28. Oktober: Im E-Werk veranstaltet der Fernsehsender Premiere eine Diskussion über Homosexualität im Sport. FC-Profi Paul Steiner bestreitet, dass es unter den FC-Spielern Schwule gebe. Corny Littmann vom Hamburger »Schmidt-Theater« behauptet dagegen, dass er mit einem Spieler der aktuellen FC-Mannschaft schon im Bett gelegen habe.
- Rosa von Praunheim outet in der RTL-Sendung Explosiv Alfred Biolek und Hape Kerkeling als schwul.

Biker-Boys mit Luftballons

1992

Arsch huh – Zäng ussenander!

Das legendäre Konzert auf dem Chlodwigplatz

Das Arsch-huh-Konzert am Chlodwigplatz ist eine Reaktion Kölner Künstler auf fremdenfeindliche Anschläge in ganz Deutschland. Unter anderem war es im September 1991 zu tagelangen rassistischen Ausschreitungen vor einer Asylbewerberunterkunft in Hoyerswerda gekommen. Binnen weniger Wochen entsteht ein Bündnis von Musikern, Literaten, Schauspielern, Kabarettisten und Journalisten, das diesen Umtrieben etwas entgegensetzen will. Unter dem Motto »Arsch huh – Zäng ussenander!« wird eine Kundgebung auf dem Chlodwigplatz geplant, den entsprechenden Song komponieren Nick Nikitakis (Musik) und Wolfgang Niedecken (Text). Wie seine rund 70 Mitstreiter ist auch Tommy Engel zunächst unsicher, ob Arsch huh ein Erfolg werden wird: »Ich stand oben in der Severinstorburg und sah immer wieder nach draußen. Und ich muss sagen, der Platz füllte sich anfangs sehr schleppend. Auf der Domplatte hatte am Nachmittag eine Kundgebung stattgefunden, und von dort trödelten bald einige Leutchen ein. Und irgendwann streckte ich dann noch einmal den Kopf durchs Fenster und dachte nur: Oh Gott! Der Chlodwigplatz platzte aus allen Nähten. Von überall her strömten die Menschen, von der Bonner Straße, von den Ringen und von hinten, von der Severinstraße. Es war der reine Wahnsinn!«

Wahnsinn, allerdings! Über 100 000 Menschen bevölkern den Chlodwigplatz. Und aus einem einfachen Konzert wird ein historisches Ereignis.

Der Chlodwigplatz am 9. November 1992

LA GALLERIA
AXI

Bildnachweis

Bilderbuch Köln 3, 7, 8, 9, 12, 13, 16 (© Rheinisches Bildarchiv Köln, RBA-Nummer 80493) (l), 16 (r), 17, 21, 22/23, 25, 28, 29, 32 (© Rheinisches Bildarchiv Köln, RBA-Nummer 160 694) (o), 32 (u), 35 (u), 37 (u), 38, 39, 40, 44, 45, 47, 48, 49, 52, 53, 56, 57, 59 (o r, u), 60 (o, Mitte), 64, 65, 70, 71 (© Rheinisches Bildarchiv Köln, RBA-Nummer 85449), 72, 73 (© Rheinisches Bildarchiv Köln, RBA-Nummer 268 091), 76, 77, 78, 79, 80, 81, 84, 85, 87, 88, 89, 94 (u), 96, 97, 98, 99, 100, 101, 102, 103, 104 (© Rheinisches Bildarchiv Köln, RBA-Nummer 80596) (o), 105, 107 (r), 108, 109, 110, 111 (© Rheinisches Bildarchiv Köln, RBA-Nummer 102 157)(o), 111 (r, u), 112, 116, 117, 118 (Mitte), 119, 122 (u), 126, 127, 128 (u), 131 (© Rheinisches Bildarchiv Köln, RBA-Nummer 78 462), 132, 133, 134, 135, 136, 137, 138, 139 (Mitte, u), 145 (o r, Mitte), 146, 147, 149 (u), 150, 151, 152, 153; Privatbesitz Oma Kleinmann, S. 10, 11; Emons Verlag 14/15, 37, 42, 54, 55, 61, 66/67, 68, 91 (u), 104 (u), 106, 107, 121 (o), 144 (r); Picture Alliance 18, 20, 26, 31 (o, r), 43, 51, 90, 91 (o, Mitte), 93, 94 (o), 121 (u), 122 (o), 130, 139 (o r), 159, 164; Frank Homann, Unkel 5, 24; Karl-Heinz Kunde 30; Martin Mlecko, Berlin 33; Gummi-Grün, Köln 34, 35 (o); Archiv Vridolin Enxing/Floh de Cologne 43; KVB-Archiv Köln, Fotos Rheinhard Schmidt und Axel Reuther 55 (u); wikimedia commons 60 (u); Manfred Vollmer 63; Theaterwissenschaftliche Sammlung, Universität zu Köln 82; Sammlung Stadtarchiv Wesseling 105 (r, u); Rheinisches Bildarchiv/Marion Mennicken (EL-De-Haus) 113 (Mitte), Rheinisches Bildarchiv/Marion Mennicken (rba_d022816_06) 113 (r); Egon Rohe 114, 115; Kölner Stadtanzeiger (Rainer Rudolph) 128 (o); Manfred Linke 142 (l); Stadtrevue (Manfred Wegener) 140, 141, 142, 143, 144 (l), 154, 155, 156, 157; Alfred Marzi, Mechernich 148, 149 (o), Kölner Lesben- und Schwulentag e.V. 162; vvg-Köln, Viktor Vahlefeld und Volker Glasow, Köln 160, 161, 163; rock'n'pop-museum, Gronau (CAN) 124, 125.

Das Bilderbuch Köln

Mit mehr als 180 000 Fotos aus Köln ist das Bilderbuch Köln das größte Fotoportal der Stadt. Bis zu 10 Mio. Mal pro Jahr werden aktuelle und historische Fotos aus allen Stadtteilen angesehen und von den Nutzern kommentiert. Jedes Foto ist auf einem Stadtplan markiert und teilweise mit ausführlichen Textinformationen versehen.

Seit 2010 bietet Bilderbuch Köln auch einen aktuellen Luftbildatlas mit Zehntausenden Kölner Luftbildern von allen Straßen und Vierteln der Stadt. Viele bekannte Fotografen zeigen ihre Kölnansichten im Bilderbuch Köln.

Ein Schwerpunkt liegt auf der Erschließung und Veröffentlichung von historischen Fotos. Dazu werden von Bilderbuch Köln ganze Archive digitalisiert und fotografische Nachlässe übernommen. Der Bildbestand des Stadtkonservators wird ebenso gezeigt wie das Fotoarchiv der GAG und Dutzende privater Nachlässe. Ein Schwerpunkt bildet das Werk von Walter Dick und Carl Detzel.

Historische Fotos bestellen

Wenn Ihnen Abbildungen dieses Bildbandes besonders gefallen, können Sie sich diese auch hochwertig gedruckt nach Hause holen. Ob auf originalem Barytpapier, FineArt-Papieren oder hochglänzendem Fotodruck: Alle in diesem Bildband mit »Bilderbuch Köln« gekennzeichneten Fotos können online in verschiedenen Formaten und Formen bestellt werden. Gehen Sie dazu im Internet auf
www.bilderbuch-koeln.de/koelnalbum
Hier finden Sie alle bestellbaren Fotos dieses Bildbandes mit weiteren Hintergrundinformationen zum Bild und können diese mit wenigen Klicks online bestellen. Sofern Sie Fragen haben, werden Ihnen diese auch im Werkladen, Rennebergstr. 5, in 50939 Köln persönlich beantwortet.

Bernd Imgrund,

geboren 1964 in Köln, arbeitet als Autor und Journalist. Er schrieb unter anderem eine Kulturgeschichte des Skatspiels (»Das Skat-Lesebuch«) sowie den Schelmenroman »Quinn Kuul«. Im Emons Verlag erschienen unter anderem der satirische Reiseführer »Ölle – Die Stadt am Niehr« und der Roman »Fränki«. Seine »Köln-Kolumne« erscheint als Writer's Blog jeden Mittwoch neu auf der Verlags-Website sowie unter www.emons-verlag.blogspot.com.

Bernd Imgrund
ÖLLE – DIE STADT AM NIEHR
ISBN 978-3-89705-530-8

»Unbeschwert lesenswert.«
Kölner Stadt-Anzeiger
»Bernd Imgrund ist mit ›Ölle‹ ein Kultbuch gelungen.« Report-K.de

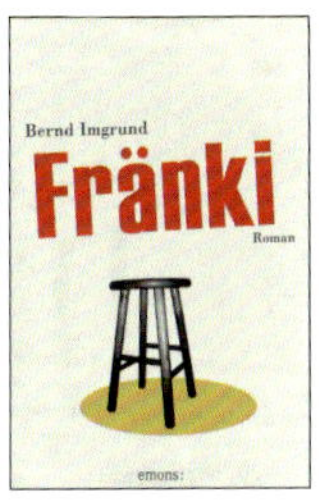

Bernd Imgrund
FRÄNKI
Roman
ISBN 978-3-89705-548-3

»Bernd Imgrund ist ein deftiges Stück Literatur gelungen.«
StadtRevue
»Der Leser freut sich über einen Einblick in die politisch völlig unkorrekte Lebenswelt eines Verlierers. Gut gemachte, unterhaltsame Popliteratur.« ekz

Bernd Imgrund
»OHNE RHEIN KEIN DOM«
33 spannende und ungewöhnliche Gespräche aus dem Kölner Leben
ISBN 978-3-89705-713-5

»Das Buch bringt den Lesern die Stadt auf eine äußerst vielschichtige Weise näher.«
Westdeutsche Zeitung
»Ein interessantes Buch: abwechslungsreich und lesenswert.« Draußenseiter

Bernd Imgrund und Britta Schmitz
111 KÖLNER ORTE, DIE MAN GESEHEN HABEN MUSS / Band 1
ISBN 978-3-89705-618-3

»Das schönste Köln-Buch 2008.«
Prinz
»Das Buch dürfte selbst für den erfahrenen Kölnkenner noch einige Überraschungen parat halten!« Kölner Illustrierte

Bernd Imgrund und Britta Schmitz
111 KÖLNER ORTE, DIE MAN GESEHEN HABEN MUSS / Band 2
ISBN 978-3-89705-695-4

»Bernd Imgrund und Britta Schmitz haben wieder geniale, oft unbekannt Plätze und ihre Geschichte gefunden.«
BuchMarkt

Bernd Imgrund und Nina Osmers
111 ORTE IM KÖLNER UMLAND, DIE MAN GESEHEN HABEN MUSS
ISBN 978-3-89705-777-7

»Imgrund macht Lust auf einen schönen Herbstausflug.«
Westdeutsche Zeitung
»Der Band bietet Überraschendes selbst für Ortskundige.«
Kölner Stadt-Anzeiger

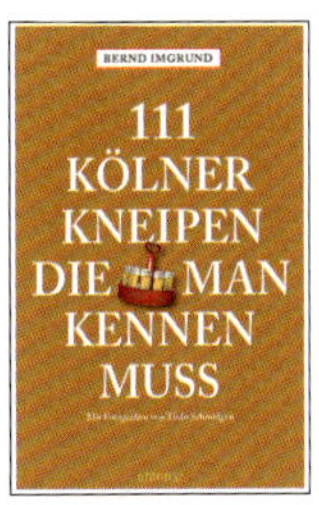

Bernd Imgrund
111 KÖLNER KNEIPEN, DIE MAN KENNEN MUSS
ISBN 978-3-89705-838-5

»Die kultigsten Kneipen von Köln.« Express
»Der Durst kommt beim Lesen. Ein kurzweiliger Kneipenführer, in dem es nicht um Gastrokritik, sondern ein Stück kölscher Lebenskultur geht.«
Kölnische Rundschau

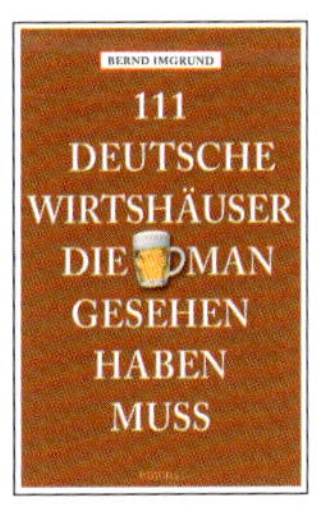

Bernd Imgrund
111 DEUTSCHE WIRTSHÄUSER, DIE MAN GESEHEN HABEN MUSS
ISBN 978-3-95451-080-1

»Ein süffiger Insiderführer unserer atmosphärisch wertvollsten Traditionslokale.«
Bild Ruhrgebiet

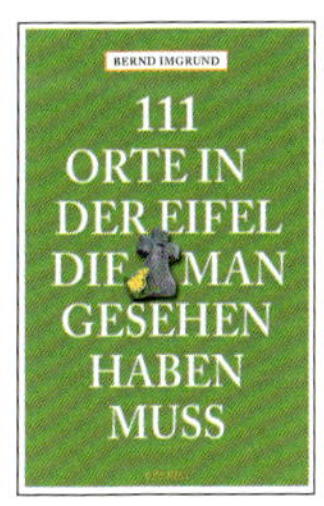

Bernd Imgrund
111 ORTE IN DER EIFEL, DIE MAN GESEHEN HABEN MUSS
ISBN 978-3-95451-003-0

»Bernd Imgrund geht es um die schönen, schaurigen und skurrilen Orte.«
General-Anzeiger

Bernd Imgrund, Britta Schmitz
111 KÖLNER, DIE MAN KENNEN LERNEN SOLLTE
ISBN 978-3-95451-322-2

»Ein Buch, in dem man immer wieder schmökert, obwohl man doch nur mal eben die eine Geschichte lesen wollte ...«
Kölner Stadt-Anzeiger

Bibliografische Information der Deutschen Nationalbibliothek
Die Deutsche Nationalbibliothek verzeichnet diese Publikation
in der Deutschen Nationalbibliografie; detaillierte bibliografische
Daten sind im Internet über http://dnb.d-nb.de abrufbar.
www.emons-verlag.de

Lektorat und Bildredaktion: Ulrike Burgi, Köln
Umschlag- und Innengestaltung: Barbara Thoben |
Designbüro Lübbeke Naumann Thoben, Köln
Umschlagmotive: Trude Herr: © Alfred Marzi, Mechernich,
Flohe: © picture alliance, Unkel: © Frank Homann, Unkel,
Treibeis: © Bilderbuch Köln, Zoobrücke: © Bilderbuch Köln,
Dom: © Bilderbuch Köln, Lommerzheim: © Bilderbuch Köln

Der Verlag dankt Herrn Dr. Frank Warda und www.bilderbuch-koeln.de
für die Möglichkeit, Bildmaterial zu verwenden.

Druck und Bindung: Firmengruppe Appl – aprinta druck, Wemding

ISBN 978-3-95451-496-0